平和と繁栄の一年になるか。

新年を迎えた渋谷。世界的な景気回復の一方、紛争や対立は各地で後を絶たない。我々の理性と叡智が試されている（UPI／アフロ）

キャンプデービッドで共和党幹部や閣僚と会合した後、記者会見で北朝鮮問題についてコメントするトランプ大統領。ティラソン国務長官とマティス国防長官が彼を見つめる（AP ／アフロ）

1月9日、南北閣僚級会談の冒頭で握手する、韓国・趙明均統一相と北朝鮮・祖国平和統一委員会の李善権委員長。平昌冬季五輪への北朝鮮選手団派遣が表明されたが、非核化への進展はなかった（AFP＝時事）

中国ウルムチ発ウクライナ・ポルタヴァ行きの「中欧班列」貨物列車。「一帯一路」ルートをとる中国とヨーロッパ直通貨物列車は、既に6000本以上の運行実績がある（新華社／アフロ）

17年12月12日、ポーランドの新首相にモラウィエツキ副首相（中央右の男性）が就任した。同国の裁判官の任用などをめぐり悪化した、対 EU 関係修復の手腕が注目される（AP／アフロ）

中東を歴訪した河野外務大臣は、17年12月26日、パレスチナのジェリコ農産加工団地を訪問。日本の「平和と繁栄の回廊」構想の旗艦事業でもある同団地では、事業の新段階に入る

目次

特集
2018年 世界と日本を展望する

6 巻頭インタビュー 河野太郎（外務大臣）
北朝鮮への圧力を続けて非核化を迫る

20 座談会◎岩﨑茂（前統合幕僚長）×木宮正史（東京大学）×森聡（法政大学）
北東アジア安定のカギを握る日米韓協調

34 金正恩「新年の辞」を読み解く
礒﨑敦仁（慶應義塾大学）

36 「自由で開かれたインド太平洋戦略」の射程
田中明彦（政策研究大学院大学学長）

42 中国大国外交の「硬」と「軟」
小原雅博（東京大学）

48 トランプ外交二年目の課題
小谷哲男（日本国際問題研究所）

54 金融緩和－日米欧の出口戦略
滝田洋一（日本経済新聞）

96 「新大国」インド外交と南アジア国際秩序
竹内幸史（ジャーナリスト）

Diplomacy 外交
Jan./Feb. 2018 Vol. 47

TREND 2018

102 プーチン「再選」にみるロシアの閉塞感 横手慎二（慶應義塾大学）
106 東欧の反リベラル同盟とEUの将来 石合力（朝日新聞）
112 アフリカ開発と日本外交―TICADⅦに向けて 遠藤貢（東京大学）
118 苦悩する中南米の左派政権 村上勇介（京都大学）
124 歴史研究と外交―「データベース日本外交史」の試み 高橋和宏（防衛大学校）

66 日韓慰安婦合意 文大統領の「矛盾」と「成算」 中島健太郎（読売新聞）
72 ミャンマー民主化の真価を問うロヒンギャ問題 道傳愛子（NHK）
76 膠着するイスラエル・パレスチナ和平交渉 江﨑智絵（防衛大学校）
83 ジンバブエ再生への道程―「ムガベ後」の政治力学 峯陽一（同志社大学）
90 難民危機における人道パートナーシップ―UNHCRと日本 ダーク・ヘベカー（UNHCR駐日事務所代表）

連載

60 数字が語る世界経済 伊藤さゆり（ニッセイ基礎研究所）
62 アラウンド・ザ・ワールド
ネパール総選挙 藤倉達郎（京都大学）
64 イラン抗議デモの深層 鈴木均（ジェトロ・アジア経済研究所）
130 外交最前線 MIRAIプログラム 渡邉朱里

136 キャリアの話を聞こう 隈部兼作（ロシア・ユーラシア政治経済ビジネス研究所）
140 ブックレビュー 梶谷懐（神戸大学）
148 外務省だより&インフォメーション
150 英文目次
153 IN&OUT

今月の表紙 スカイツリーの先に日の出を望む。北東アジアにおける地域秩序の安定、「インド太平洋時代」を見越した戦略、グローバル課題への貢献など、日本外交の挑戦は続く（アフロ）

巻頭インタビュー

外務大臣
河野太郎

こうの　たろう
1963 年生まれ。85 年米ジョージタウン大学卒業。富士ゼロックス、日本端子を経て、96 年衆議院総選挙に神奈川 15 区から立候補して初当選。以降連続 8 回当選。法務副大臣、衆議院外務委員長、国務大臣（国家公安委員会委員長、行政改革担当、国家公務員制度担当、内閣府特命担当大臣〈防災、規制改革、消費者及び食品安全〉）などを経て、2017 年 8 月から外務大臣。その間、自民党行政改革推進本部長、同神奈川県連会長も務めた。

二〇一八年日本外交の展望

北朝鮮への圧力を続けて非核化を迫る

聞き手　編集部

――外務大臣に就任されて、積極的な外遊を含め、国内外における意欲的な発信が注目されています。

河野　昨年八月の就任以来、外国訪問を一三回実施し、二五ヵ国（再訪問を入れると三〇ヵ国）を訪問したほか、国内では広島、長崎および沖縄にも足を運ぶなど、世界各地を駆け巡りました。これまでに国内外において、外相会談を七〇回以上、その他の多国間会合等も含めれば一六〇回以上の会合を行ってきました。

各国の外務大臣などと会うなかで、外交においても人間関係を構築することが非常に大事であると強く認識しました。引き続き、個人的な信頼関係やネットワークを強固なものとし、きちんとした外交成果を上げるように努力していきます。

――どのような外交を展開したいとお考えですか。

河野　国際秩序の変動期にあって、日本は世界の「フォロワー」であってはなりません。国際社会の激しい変動に機敏に反応し、世界に平和と繁栄をもたらすべく、日本こそが世界の「道しるべ」になるべきだと考えています。

具体的には、六つの重点分野において取り組みを強化したいと考えています。

第一に、北朝鮮問題や東シナ海・南シナ海における最近の情勢など、日本を取り巻く安全保障環境が一段と厳しさを増すなか、日米同盟をさらに強化し、同盟国・友好国のネットワーク化を進めることです。第二に、中国、韓国、ロシアをはじめとする近隣諸国との協力関係を強化します。第三に、欧米を中心に保護主義が台頭するなか、日本が旗振り役となって自由貿易を含め経済外交を推進します。第四に、軍縮・不拡散、気候変動、開発、女性など、地球規模課題に貢献し、第五に、中東の平和と安定への貢献を強化します。第六に、「自由で開かれたインド太平洋戦略」を推進したいと思います。

効果が見え始めた北朝鮮への圧力

――日本にとって安全保障上の最大の懸念は北朝鮮です。北朝鮮の脅威をどのように見ておられますか。

河野　北朝鮮は、過去二年間、三回の核実験を強行するとともに、四〇発もの弾道ミサイルを発射しました。核兵器は小型化・弾頭化を実現した可能性があり、弾道ミサイルも技術的信頼性の向上や新たなミサイルの開発を追求しているとみられます。昨年一一月二九日に発射された弾道ミサイルは、四〇〇〇キロメートルを大きく超える高度に達し、約一〇〇〇キロメートル飛翔したこと、さらにこれまで見られたことのない九軸の発射台付き車両（ＴＥＬ：Transporter-Erector-Launcher）に搭載された様子や、弾頭の先端の形状が丸みを帯びたものであることなどを踏まえれば、新型のＩＣＢＭ級弾道ミサイルであったと考えられます。北朝鮮がこうした暴挙を繰り返していることは、断じて容認できません。

また、昨年一一月のミサイル発射により、北朝鮮が一貫して核・ミサイル開発を追求していることが明白となりました。私が議長を務めた昨年一二月一五日の不拡散（北朝鮮）に関する安保理閣僚級会合においても、北朝鮮は、核開発を自衛的措置として正当化し、安保理決議に従って断念する考えを一切示しませんでした。北朝鮮の核・ミサイル開発は、わが国を含めた国際社会にとって、これまでにない重大かつ差し迫った脅威となっていますが、わが国はいかなる挑発行動にも屈することはありません。

日米、日米韓三ヵ国で協力し、中国、ロシアを含む関係国とも緊密に連携しながら、昨年一二月に採択された新たな決議を含む関連安保理決議の完全な履行等を通じて、国際社会全体で北朝鮮への圧力を高め、北朝鮮の核、ミサイル、そして何よりも重要な拉致問題の解決に向けて全力を尽くしていきます。

――国際社会はこれまで北朝鮮との対話を続けてきました。どのように評価されますか。

河野　国際社会は、一九九四年の枠組合意や二〇〇五年の六者会合共同声明など、北朝鮮が危機を作り出すたびに、対話による事態打開の途を選択してきました。しかし、北朝鮮は、核・ミサイル開発を諦めるつもりなどまるで持ち合わせず、これらの辛抱強い対話の努力を時間稼ぎの口実に使い、核・ミサイル開発を進めてきたという事実があります。九四年の段階では、核兵器も弾道ミサイル技術も成熟にほど遠かった北朝鮮が、残念ながら、今や技術を進歩させています。

このような経緯があるからこそ、日本政府としては、北朝鮮とは対話のための対話では意味がないと考えており、北朝鮮に政策を変えさせるため、あらゆる手段を使って圧力を最大限にし、北朝鮮の方から対話を求めてくる状況をつくっていくことが必要であると考えています。

先ほども述べましたが、昨年一二月一五日、安保理閣僚級会合においては、北朝鮮の核・弾道ミサイル開発を強く非難し、安保理決議の履行の重要性について強いメッセージを出すことができました。このように国際社会として圧力を最大限まで高めるなかで、日本としても積極的な役割を果たしています。

――圧力の効果は出ているのでしょうか。

河野　国際社会が講じてきた北朝鮮に対する制裁は、北朝鮮の厳しい経済事情と併せて考えた場合、一定の成果を及ぼしていると考えます。

昨年一一月に全会一致で採択された安保理決議第

2397号については、石油精製品の供給を昨年夏時点と比較すると、約八九％削減することが見込まれます。また、北朝鮮からの輸入禁止対象を拡大することにより年間約二億ドル以上の収入減が見込まれ、過去の関連安保理決議を通じた輸入禁止措置による収入減と合わせて、北朝鮮の輸出による外貨収入（二七億米ドル）を事実上枯渇させることが見込まれます。

また、北朝鮮との貿易は、中国が約九割を占めますが、昨年一月〜一一月の貿易総額は前年同期比で約一一％減少、輸入額は約三二％減少したとの統計もあります。

――北朝鮮問題への対応には、中国の協力が不可欠です。

河野　そうですね。安保理常任理事国、六者会合のメンバー国であり、北朝鮮との貿易額の約九割を占める中国の役割は極めて重要です。私自身、王毅外交部長との間で安保理決議の完全な履行に向けた連携をくり返し確認しています。

また、昨年一二月一五日の安保理閣僚級会合でも、日米韓英仏などで、圧力強化が重要との一致したメッセージを発信できました。さらに一月一六日にカナダ、米国が共催した北朝鮮に関する関係国外相会合でも、国際社会で一致結束して、北朝鮮への圧力を最大限に高めていくメッセージを発出しました。

我が国としては、米国を始めとする関係国と緊密に連携しながら、諸懸案の包括的な解決に向けて、北朝鮮に対してどのように圧力を強化することが最も効果的かという観点から、今後の対応を真剣に検討していきます。

――状況によっては、米国による軍事的オプション行使の可能性もあります。

河野　まず指摘したいのは、北朝鮮問題については、挑発を行っているのは北朝鮮の方であり、世界中の誰ひとりとして、紛争など望んでいないという点です。

そのうえでわが国は、「全ての選択肢がテーブルの上にある」とのトランプ大統領の立場を一貫して支持しています。詳細な内容については差し控えますが、日米安全保障協議委員会（日米「2＋2」）やトランプ大統領の訪日の際には、十分な時間をかけて北朝鮮の最新の情勢を分析し、今後の方策について完全に意見の一致を見ました。

わが国の防衛、そして地域の平和と安全の確保には、日米同盟による強い抑止力が必要です。平和安全法制の整備によって日米同盟はかつてないほど強固となりました。種々の日米共同訓練なども通じ、自衛隊と米軍との連携はあらゆるレベルで一層緊密化し、日米同盟の抑止力は大きく向上しています。政府としては、いかなる事態にも対応できるよう、引き続き強固な日米同盟の下、高い緊張感をもって高度な警戒監視体制を維持していきます。

――北朝鮮問題の「解決」とは、どのような状態を指すのでしょうか。

河野　二〇〇五年の六者会合共同声明では、朝鮮半島の検証可能な非核化という目標を再確認するとともに、北朝鮮に、全ての核兵器及び既存の核計画を放棄することなどを約束させました。また、その後採択された関連する安全保障理事会決議も、北朝鮮が全ての核兵器及び既存の核計画を放棄すべきことを累次にわたり決定しています。このように朝鮮半島の非核化という目標は、六者会合メンバーのみならず、国際社会により確認された目標です。

また、拉致問題は、安倍内閣の最重要課題であり、全ての拉致被害者のご家族が、ご自身の手で肉親を抱きしめる日まで、われわれの使命は終わりません。

北朝鮮には勤勉な労働力があり、資源も豊富です。北朝鮮が正しい道を歩めば、人々を豊かにすることもできます。しかし、拉致、核、ミサイル問題を解決することなしに、明るい未来を描くことはできません。わが国としては、日米、日米韓三ヵ国で協力し、国際社会で一致結束して北朝鮮への圧力を最大限に高め、北朝鮮に政策を変えさせていきます。

関係改善の流れが進む日中

――第二次安倍政権発足後、日中関係は首脳会談が長らく行われないなど厳しい関係が続きましたが、このところ関係改善が進んでいるようにみえます。大臣は日中関係の現状をどのように見ておられますか。

河野　昨年一一月、安倍総理はAPEC首脳会議やASEAN関連首脳会議の機会を捉え、習近平国家主席および李克強総理と、連続して首脳会談を行いました。これらの一連の会談では、日中間の首脳往来や、国民交流の促進、経済協力の強化などについて、前向きな意見交換が行われ、全面的な関係改善に向けた新たなスタートとなりました。

――今年は日中平和友好条約締結四〇周年です。

河野　それと同時に、中国で改革開放路線が決定されてから四〇周年という節目の年でもあります。改革開放以後の四〇年間は、中国の発展と同時に、日中間の幅広い協力が進展した四〇年間でもあったと考えています。中国の改革開放に向けた努力に対し、わが国はこれまで、中国の順調な発展はわが国の発展にもプラスであるとの「互恵協力」

の観点から、政府開発援助（ＯＤＡ）の供与を始めとして、官民を挙げた支援や協力を行ってきました。

今や中国は世界第二位の経済大国となり、日中両国は国際社会の平和・安定・繁栄に共に大きな責任を有しています。こうしたなかで、日中平和友好条約締結四〇周年という関係改善の好機を捉え、「戦略的互恵関係」の考えのもと、大局的な観点から日中の友好協力関係を安定的に発展させていく必要があります。そして、両国が肩を並べて、気候変動や伝染病対策といった地球規模の課題への対応に共に貢献していくような、新しい時代の日中関係を切り拓いていきたいと思います。

今年は平和友好条約締結40周年。日中双方が関係改善を確かなものにする好機と捉えている。

昨年８月にASEAN関連外相会議出席のため訪れたマニラで、中国の王毅外交部長との初会合。日中関係のさらなる改善が期待されている。

――関係改善の進展には、どのような背景があるのでしょうか。

河野　日本と中国は引っ越しのできない隣国であり、緊密な経済関係と人的・文化的交流を有し、切っても切れない関係にあります。例えば、国交正常化当時の日中間の貿易額は約一一億ドルでしたが、現在は三〇〇倍近い約三〇一六億ドル（二〇一六年）であり、中国は日本にとって最大の貿易相手国になっています。また、北朝鮮の核・ミサイル問題がこれまでにない重大かつ差し迫った脅威となったなかで、日中両国が一層緊密に連携し、朝鮮半島の非核化という共通目標に向けて共に努力することが共有されていることも合わせて指摘したいと思います。

日中には隣国ゆえの難しい課題もありますが、だからこそ首脳間・外相間の対話を重ね、相互信頼関係を深めていかなければなりません。われわれはこれまでも常に対話のドアをオープンにしてきており、最近頻繁にハイレベルで日中間の対話が行われていることをうれしく思います。私自身、王毅外交部長とは長い付き合いであり、就任以来、電話会談も含めて三度にわたって胸襟を開いた意見交換を行いました。

――首脳の相互訪問が期待されています。

河野　昨年の日中国交正常化四五周年に続き、本年の日中平和友好条約締結四〇周年という節目の年が続くことは、日中関係改善の流れを一層確かなものとする好機であると、日中双方が一致して捉えています。今後は、日中韓サミットを早期に開催して李克強総理をお迎えし、その後の安倍総理の訪中、習主席の訪日といった日中首脳の相互往来を通じて、関係をさらに発展させていければと思います。また、私も早期に中国を訪問し、日中間の首脳往来の実現に向けて弾みをつけていきたいと考えています。

――他方で、日中間の具体的な懸案がなくなったわけではありません。尖閣をめぐる現状、南シナ海における中国の海洋進出などについて、どのように考えておられますか。

河野　まず申し上げたいのは、中国が地域や国際社会に建設的に貢献しながら平和的発展を進めていくことを、日本は歓迎しています。こうした点は、先般のトランプ大統領訪日の際に、日米両国の首脳間でも確認されています。日中両国が安定的な友好協力関係を発展させていくことは、両国のみならず、アジア、ひいては世界にとっても有益です。

同時に、歴史的にも国際法上も明らかに日本固有の領土である尖閣諸島の周辺海域において、中国公船による領海侵入が継続していることを深刻に懸念しています。東シナ海の安定なくして日中関係の真の改善はありません。両国関係改善の中でも、日本の立場はしっかり主張しながら、「平和・協力・友好の海」の実現に向けた中国の前向きな対応を強く働きかけていきます。他方で日中間で、海域・空域における偶発的な衝突を防ぐ観点から、現在、両国防衛当局間の海空連絡メカニズムの早期運用開始に向け交渉を行っています。加えて、日中高級事務レベル海洋協議などを通じ、海洋分野での意思疎通や協力を深めていく考えです。

また、南シナ海における大規模かつ急速な拠点構築や軍事化など、一方的に現状を変更し緊張を高める行為は、わが国を含む国際社会共通の懸念事項です。中国と東南アジア諸国連合（ASEAN）との間で「南シナ海行動規範（COC）」策定に向けた対話が行われることは歓迎しますが、今後さらに、このような取り組みを南シナ海の現場における非軍事化につなげるべきです。

――アジアインフラ銀行（AIIB）や「一帯一路」については、どのようにお考えですか。

河野　膨大なアジアのインフラ需要に効果的に応えていくことは重要な課題です。ＡＩＩＢが、国際金融機関にふさわしいスタンダードを備えることにより、アジア地域の持続的な発展に資する機関として役割を果たすことを期待しています。日本は今後とも、公正なガバナンスを確立できるのか、借入国の債務の持続可能性や環境・社会に対する影響への配慮が確保されているかについて、運用を注視していきたいと考えています。

「一帯一路」については、インフラの開放性、透明性、経済性、財政の健全性などの国際社会共通の考え方を十分に取り入れることで、地域と世界の平和と繁栄に貢献していくことを期待しています。日本としては、こうした観点からの協力をしていきたいと考えています。

――日韓関係についても伺います。北朝鮮問題への対応では日米韓の連携が不可欠ですが、他方で文在寅（ムン・ジェイン）政権とは、北朝鮮への対応、日米韓連携の強化、日本との慰安婦合意の履行などで、温度差も感じます。

河野　御指摘のとおり、北朝鮮問題への対応に当たっては、日韓、日米韓三ヵ国の連携が重要です。本年一月一六日に実施した日韓外相朝食会では、北朝鮮から非核化に向けた真剣な意思や具体的な行動を引き出すべく、圧力を最大限まで高めるべきことを改めて確認しました。

これまで私は、康京和（カン・ギョンファ）韓国外交部長官と緊密に意見交換を行ってきました。一月のカナダでの朝食会では、日韓間には困難な問題があるが、これらを適切にマネージしつつ、日韓関係を未来志向で前に進めていけるよう協力していくことで一致しました。

慰安婦問題に関しては、本年一月九日に康外交部長官が、日韓合意についての韓国政府の立場を発表し、翌一〇日に文在寅大統領が、新年記者会見において韓国政府の立場に言及しました。私が記者会見にて述べましたとおり、日韓合意は国と国との約束であり、たとえ政権が代わったとしても責任をもって実施されなければなりません。それが国際的かつ普遍的な原則であり、合意の着実な履行は、国際社会に対する責務でもあります。日本政府としては、韓国政府が合意を「最終的かつ不可逆的」なものとして着実に実施するよう、韓国側に対し、引き続き強く求めてまいります。

「自由で開かれたインド太平洋戦略」とは何か

――二〇一六年八月に安倍首相が「自由で開かれたインド太平洋戦略」を対外発表しました。日本の新たな外交戦略として注目されていますが、どのような内容ですか。

河野　安倍総理は、第一次政権時代の二〇〇七年に、インド国会において、インド洋と太平洋の「二つの海の交わり」に関する演説を行うなど、かねてから自由で開かれたインド太平洋の重要性を強調してきました。これを改めて具体化したものが「自由で開かれたインド太平洋戦略」です。トランプ大統領訪日の際には、この戦略を日米で協力して進めることで一致しました。

法の支配に基づく自由で開かれた海洋秩序は、国際社会の安定と繁栄の礎です。特にインド太平洋地域は、世界人口の半数以上を養う世界の活力の中核であり、この地域を自由で開かれた「国際公共財」とすることにより、地域全体の平和と繁栄を確保していくことが重要です。具体的には、①航行の自由、法の支配などの基本的価値の普及・定着、②インフラ整備等を通じた連結性の強化などによる経済的繁栄の追求、③海洋法執行能力の向上支援や防災等を含む平和と安定のための協力、を進めていく考えです。

――この戦略を進めるうえで、同盟国である米国はもとより、インドやオーストラリアなどとの連携も重要になります。

河野　トランプ大統領訪日の際に、この戦略を日米で協力して進めることで一致したことに加え、私からもあらゆる機会を捉えてこの戦略について各国に丁寧に説明しており、米国、豪州、インドをはじめ、多くの国から賛同を得られています。こうした考え方に賛同してもらえるのであれば、いずれの国とも協力していけると考えており、米国および豪州、インドをはじめとする関係国と連携しながら、協力を具体化していく考えです。

――中国の「一帯一路」に対抗するものとの評価もあります。

自由で開かれた海洋秩序はあらゆる国に安定と繁栄をもたらす「国際公共財」だ。

今年１月にスリランカ、コロンボ港を視察。同港はスリランカの海運貨物の９割を取り扱う主要港だが、既存ターミナルが飽和し、南港の開発が順次進められている。海上自衛隊の護衛艦も多数寄港している。

河野　仮に「自由で開かれたインド太平洋戦略」が、中国や「一帯一路」への対抗として理解されているとすれば、それは全くの誤解です。「自由で開かれたインド太平洋戦略」は、特定の国を対象としたものではなく、また、何らかの構想などへの対抗として行っているものでもありません。

海洋秩序は、海賊、テロ、大量破壊兵器の拡散、自然災害、違法操業などのさまざまな脅威にさらされています。こうした脅威を取り除くとともに、「質の高いインフラ」協力により域内の連結性を高めることなどを通じて、インド太平洋地域の自由で開かれた海洋秩序を維持・強化することにより、この地域をいずれの国にも分け隔てなく安定と繁栄をもたらす「国際公共財」とすべく、この戦略を推進しているものです。中国も含め、いずれの国とも協力していけるものと考えています。

存在感示す中東外交

――大臣は中東への関与の強化を重視されています。その狙いを教えてください。

河野　中東地域は、日本にとってエネルギーの主要な供給源であるとともに、国際通商上の主要な海上ルートに位置しています。また、テロや暴力的過激主義の温床ともなっており、この地域の安定は、日本の平和と繁栄に不可欠です。また、日本は中東地域において、宗教・宗派や民族的な観点から中立で、植民地の歴史もありません。加えて、日本は中東域内のどの国とも良好な関係にあり、また、特別な同盟関係にある米国ともさまざまな意見交換ができる立場にあります。このような独自の立場を活かして、より一層中東の平和と繁栄の実現に役割を果たし、ひいては世界の平和と繁栄に貢献することは、日本の経済・安全保障上、非常に大きな意義を持ちます。

――地域の政治情勢は混沌としていますが、どのような取り組みを考えていますか。

河野　この地域には、中東和平問題や、シリア、イエメン及びリビアにおける紛争、イランやカタールをめぐる域内主要国間の緊張関係、暴力的過激主義など多くの課題が山積しています。これらの課題に対し、昨年九月にカイロを訪問した際に発表した、中東外交の基本方針である「河野四箇条」、すなわち①知的・人的貢献、②「人」への投資、③息の長い取組、④政治的取組の強化、に基づいて、日本らしい取り組みを積極的に進めていく考えです。

――大臣は、外相就任前からサウジアラビアのムハンマ

中東では人と人との直接的な関係が重視される。これまで育んできた人的ネットワークを最大限に生かしたい。

昨年９月のヨルダン訪問で、アブドッラー国王を拝謁。国王とは米ジョージタウン大学の同級生で、拝謁後の昼食会では、中東情勢のほか北朝鮮問題についても意見交換を行った。

ド皇太子など、中東のキーパーソンとの人脈を構築されてきました。

河野　サウジアラビアについて申し上げますと、私は外相就任前から複数回訪問しております。最近の例では、衆議院議員時代の二〇一五年五月、国家公安委員長時代の一六年七月にサウジを訪問し、要人と会談を行いました。また、衆議院議員時代の一六年九月には、ムハンマド・サウジ皇太子（当時副皇太子）の訪日時に、迎賓館で同皇太子と懇談を行いました。そういった縁もあり、私の外相就任後最初の電話会談は、一七年八月四日にムハンマド皇太子との間で行われ、同年九月のサウジ訪問の際にも同皇太子を表敬する機会に恵まれました。

　また、ヨルダンのアブドッラー国王とも米国ジョージタウン大学の同級生というつながりもあり、かねてから親しくお付き合いをしています。昨年九月のヨルダン訪問の際には、アブドッラー国王に昼食会を催していただき、旧交を温めるとともに、地域情勢について突っ込んだ意見交換を行いました。

――それに関連して、大臣は中東各国の議員交流にたいへん積極的です。

河野　先ほど申し上げたとおり、中東は日本の安全保障や平和に直結する重要性を有する地域です。日本と中東はどうすればもっと近い存在になれるのか、中東の平和と繁栄のために日本はより多くのことができるのではないか、といった議論を、外務大臣就任前から続けてきました。

　中東は、他の地域と比べても、首脳間や外相間を含め、人と人との直接的な関係が信頼を得るうえで重視される地域です。議員を含むより多くの人々がさまざまな形で交流を続けることが、相互理解を深めるためには重要だと考えています。こうして構築した人的ネットワークを最大限に活用しつつ、中東地域において河野外交を推進していきたいと思います。

安全保障を踏まえない核軍縮は危険だ

――核軍縮・不拡散について、今年七月に国連で核兵器禁止条約が採択されました。日本は署名しない方針ですが、なぜ署名できないのですか。

河野　唯一の戦争被爆国として核兵器の非人道性を知る日本には、核廃絶に向け国際社会の取り組みを先導する使命があります。同時に、政府には、現実の核兵器の脅威に対し、国民の生命・財産を守る責務もあります。核軍縮に取り組むうえでは、こうした人道と安全保障の二つの観点が必要です。

核兵器禁止条約が目指す核廃絶という目標は、日本も共有しています。しかし、核兵器禁止条約はその交渉過程において現実の安全保障の観点を踏まえずに作成されたため、核兵器国のみならず、核の脅威にさらされている非核兵器国からも支持を得られていません。

さらに、北朝鮮の核・弾道ミサイル開発は、日本と国際社会に対するこれまでにない重大かつ差し迫った脅威となっています。北朝鮮のような核兵器の使用をほのめかす相手に対しては、通常兵器だけでは抑止を効かせることは困難であり、どうしても核兵器による抑止が必要です。このような厳しい安全保障の環境を踏まえれば、日米同盟の下で核兵器を有する米国の抑止力を維持しなければいけないのが現実です。

――核兵器禁止条約は日本の安全を損ねるということですね。

河野　核兵器禁止条約に参加すれば、米国による核抑止力の正当性を損なうことになります。これは、日本国民の生命や財産が危険にさらされてもよいということと同じです。政府としてこのような選択はできません。国民の生命と財産を守る責任を有する政府としては、現実の安全保障上の脅威に適切に対処しながら、地道に、現実的に、核軍縮を前進させる道筋を追求していく必要があると考えています。核兵器禁止条約はこのような日本の考え方とは異なることが、署名できない理由です。

――日本はどのようなアプローチをとるのですか。

河野　現在、北朝鮮の核・ミサイル開発をはじめとする国際的な安全保障環境が悪化するなかで、核軍縮の進め方をめぐっては、核兵器国と非核兵器国のみならず、核兵器の脅威にさらされている非核兵器国とそうでない非核兵器国の間でも立場の違いが顕在化しています。このような厳しい状況の下、現実的に核軍縮を進めていくためには、非核兵器国のみならず、核兵器国を巻き込みながら、各国の信頼関係を再構築し、立場の違う各国が結束して取り組むことのできる共通の基盤を模索していく必要があります。

こうした役割を、核兵器の脅威や厳しい安全保障環境に直面しながらも、核兵器使用の惨禍を最もよく知り、これまで一途に「核兵器のない世界」の実現に向け取り組んできた日本が担うことには、大きな意義と説得力があると考えています。

――具体的には、どのような貢献ができるとお考えですか。

河野　まず、日本が毎年国連総会本会議に提出している核廃絶決議です。今年の決議は、先ほど申し上げたように、北朝鮮の核・ミサイル開発をはじめ国際的な安全保障環境が悪化したり、核軍縮の進め方をめぐる国際社会の立場の違いが顕在化する中にあって、核兵器国を巻き込んで、立場の異なる国々の橋渡しを行い、各国が結束して取り組むことのできる共通の基盤の提供を追求したものです。この決議が、核兵器国である米英仏の賛成と、わが国とアプローチを異にする核兵器禁止条約に賛成した九五ヵ国の賛成を得て、合計一五六ヵ国の幅広い支持を得て採択されたことを心強く思います。

また一一月二七～二八日には、広島において「核軍縮の実質的な進展のための賢人会議」第一回会合を開催しました。同会合では、立場の違いを超えて核軍縮を実質的に進展させるための議論が行われました。今後、核兵器国と非核兵器国の信頼関係の再構築に資する提言を得て、今年の核兵器不拡散条約（ＮＰＴ）運用検討会議第二回準備委員会にインプットしたいと思います。

日本としては、「核兵器のない世界」の実現のため、さまざまな立場を代表する地域横断的な非核兵器国の集まりである軍縮・不拡散イニシアティブ（ＮＰＤＩ）の枠組みを活用しつつ、ＮＰＴや包括的核実験禁止条約（ＣＴＢＴ）、核兵器用核分裂性物質生産禁止条約（ＦＭＣＴ）といった核兵器国も参加する現実的かつ実践的な取り組みを引き続き粘り強く進めていく考えです。

自由貿易の旗振り役を務める

――去年一一月のダナンでの会合で、一一ヵ国による環太平洋パートナーシップ（ＴＰＰ）協定の大筋合意が実現しました。その意義をどのように考えておられますか。

河野　世界中で保護主義が台頭するなか、日本はアジア太平洋地域から世界に、自由で公正な貿易・投資ルールを広げていく考えであり、こうしたわが国の積年の主導的取組が結実したのが、ＴＰＰと、一七年一二月に交渉が妥結した日ＥＵ経済連携協定（ＥＰＡ）でした。

米国のトランプ大統領は、就任直後の二〇一七年一月にＴＰＰからの離脱を表明しました。しかし、二一世紀型の貿易・投資ルールの礎となるべきＴＰＰを何とか実現させるべく、日本は、ＴＰＰの早期発効を主導し、一一ヵ国で結束して交渉を行った結果、一七年一一月にダナンで大筋合意を達成することができました。日本としては今後、残された論点を早急に解決したうえで、可能な限り早期にＴＰＰを一一ヵ国で署名・発効させるため、引き続き交渉を続けていきます。

核軍縮では、立場の異なる各国が結束できる共通の基盤を模索したい。

昨年９月にニューヨークで開催された第９回軍縮・不拡散イニシアティブ（NPDI）外相会合で声明を発表する。向かって左隣がビショップ豪外相、右隣がガブリエル独外相。NPDI は 2010 年に日豪が主導して立ち上げた地域横断的な非核兵器国のグループで、３年ぶりの外相会合。

――東アジアには、東アジア地域包括的経済連携協定（ＲＣＥＰ）も並行して協議されています。

河野　ＲＣＥＰは、ＴＰＰに参加しない中国、韓国、インドを含む「巨大広域経済連携」です。ＲＣＥＰが実現すれば、世界人口の約半分、世界全体のＧＤＰの約三割、世界の貿易総額の約三割を占める広域経済圏が出現し、巨大なグローバルサプライチェーンが構築されます。

アジア太平洋地域全体での自由・公正な通商枠組み作りのため、多様な発展段階の国々からなるＲＣＥＰをできる限り質の高いものとする考えです。日本はそのためにも、市場アクセス分野だけでなく、電子商取引や知的財産などのルール分野を含めた「質の高い」協定の早期妥結を目指し、精力的に交渉を進めていく考えです。

いずれにせよ、日本は自由貿易の旗振り役として、ＴＰＰと日ＥＵ・ＥＰＡの早期署名・発効を目指しつつ、ＲＣＥＰや日中韓ＦＴＡなど他の経済連携協定を引き続き推進していきます。●

（二〇一八年一月一九日最終確認）

特集
2018年 世界と日本を展望する

朝鮮半島の非核化、日中関係の改善と東アジア外交の再生、「自由で開かれたインド太平洋戦略」、中東和平や欧州反EUの動き……グローバルな秩序が流動化する時代こそ、日本外交の構想力が問われる。

北東アジア安定のカギを握る日米韓協調
――朝鮮半島情勢をめぐる政治力学

核・ミサイル開発を進める北朝鮮に対し、国際社会は圧力をかけ続けるが、いまだ道半ばだ。各国の思惑を読み解きながら、非核化に向けた戦略を考える。

座談会
岩﨑 茂 前統合幕僚長（空将）
木宮正史 東京大学教授
森 聡 法政大学教授

昨年七月、G20サミットで日米韓首脳が初会談に臨み、北朝鮮問題で連携を確認した。北朝鮮の脅威がますます高まるなか、連携の具体的な成果が求められる（YONHAP NEWS／アフロ）

――北朝鮮はこの二年間で核実験を三回、さらに四〇発近くの弾道ミサイルを発射しています。現状をどのようにみていますか。

森　やや教科書的ですが、脅威を「能力」と「意図」に分けて考えると、まず能力の面では、北朝鮮はミサイルおよび核弾頭の開発を粛々と進め、その技術水準は米国本土を狙えるまでに近づいてきているといわれています。しかし北朝鮮の能力はそれに留まりません。生物・化学兵器についても疑念がもたれていますし、サイバー攻撃も深刻で、例えば昨年五月に世界中の企業・組織を襲ったマルウェア「ワナクライ」などは、北朝鮮が出どころとみられています。また昨秋には高高度での核爆発による電磁波パルス攻撃の懸念も明らかになりました。手段が実に多様化しているのです。

米国東海岸もミサイルの射程範囲に

岩崎　ミサイルだけをみても、実験の頻度だけでなく、ロフテッド軌道で発射するなど撃ち方にも「進化」の跡がうかがえます。ロフテッド軌道で発射したミサイルを適正角度で発射したとすると、その飛行距離はロフテッド軌道による到達高度の三倍程度になると言われています。そう考えると昨年七月、八月の火星12の到達高度は二五〇〇とか三七〇〇キロメートルと言われています。また、一一月二九日の火星15は四五〇〇キロメートルとの報道もあり、適正角度により発射した場合の飛行距離に換算すれば、米国本土に到達し、ワシントンDCなど東海岸主要都市も射程に入るもしれないという数字です。他方で、大気圏への再突入技術がどこまで確立されているかは不明です。さらに実験を重ねて、再突入技術を確立した段階で実戦配備ということになるでしょう。

　核実験に関しては、二〇〇六年一〇月の最初の核実験から現在まで計六回行われ、うち三回はこの二年間に行われています。直近は昨年の九月でした。〇六年の核実験で生じた地震の規模は、気象庁観測によればマグニチュード4・9。また昨年九月の地震規模は6・1ですから、その規模は毎回大きくなっています。理論上は通常爆弾でもこのよ

軍事的緊張は高まっているが、米朝ともに第一撃をしかけるハードルはかなり高い。

うな揺れを起こすことは可能ですが、やはり核実験とみて間違いないと思います。また、核弾頭の小型化も進めていると考えられます。

――北朝鮮の「意図」をどのように考えますか。

木宮　最大の目的は金正恩体制の維持であり、それを実現するために、北朝鮮自身は「米国の核兵器に対する抑止力」として核・ミサイル開発を進めていると言っていますし、それはその通りでしょう。北朝鮮の意図としてはディフェンシブなのです。

岩﨑　金一族は三代にわたり、核や弾道ミサイルのみが北朝鮮が生き残る唯一の手段と信じているのでしょう。この能力の保有により、米国との対話が可能となるのです。

意図という点では、中長期的には、体制維持からさらに踏み込んで、在韓米軍を撤退させ、最終的には朝鮮半島を自らの下で統一するという目標もあるのではないでしょうか。南北関係には、日本人にはわかりにくい感情のようなものがあります。分断された家族が再会し、民族が統一することは、北朝鮮・韓国双方にとって悲願です。現在も南北対話が進んでいますが、日本や米国からは「北朝鮮に圧力をかけ、成果が見え始めているこの時期に……」という声も聞こえます。しかし、我々としても南北の民族統一・祖国統一に関する彼らの複雑な感情を理解しておく必要があると思います。

木宮　冷戦期は明確にその意図があったと思います。ただ冷戦終結後、南北の体制競争は韓国の勝利が明らかになりました。確かに北朝鮮は従来、北朝鮮主導の統一の障害として在韓米軍の撤退を主張してきました。しかし、現時点では北朝鮮は、韓国を吸収した統一という目標までは考え

いわさき　しげる　1953年生まれ。防衛大学校卒業（第19期）、航空自衛隊入隊。航空総隊司令官、航空幕僚長などを経て、2012～14年統合幕僚長。15年よりANAホールディングス常勤顧問。

ていないと思います。しかし、北朝鮮の核兵器が既成事実化するようなことになると、それに自信をもって、朝鮮半島の赤化統一という祖父の代からの「遺訓」が呼び覚まされる可能性も排除できません。

森 半島の現状維持か現状変更かという意図ないし目標の問題は重要です。別の種類の現状変更ということでいえば、北朝鮮は核兵器保有国としての地位承認を求めているともいわれます。しかし、それは具体的には何を指すのか。まずは核保有の既成事実化、そして制裁の解除ということではないでしょうか。核拡散防止条約（ＮＰＴ）や国連安保理決議に違反した国として制裁を受けているわけですから、その解除を果たすことによって地位の承認を得ようとする。核兵器を持ちながら制裁を受けない状態をどのように作り出すかといったところも考えていると思います。

デカップリングのリスクを認識すべし

――意図も踏まえて、北朝鮮はどの程度の脅威ですか。

岩崎 北朝鮮の脅威は、これまでに経験したことのない程度にまで高まってきていると考えています。特に金正恩政権になって、緊張は極めて高くなっています。

木宮 ただ、短期的にみれば、北朝鮮の核・ミサイル開発の現状が、北東アジアにおける軍事バランスに決定的な変化を及ぼすとは思いません。通常兵力に関しては韓国や日本のほうが数段上で、在韓・在日米軍もあります。むしろ問題は、このまま時が経過して北朝鮮の核ミサイルの保有が既成事実化すると、それまで米国に対するディフェンシブな対抗手段として保有していた核兵器を、日本や韓国に対して政治的に利用するようになるかもしれません。

森 木宮先生がご指摘のように、いったん運用可能な核兵器を持つと、彼らの計算や行動が変わることが考えられます。北朝鮮が三世代にわたって開発してきたものを、交渉で多少の見返りを示されたからといって簡単に手放すとは思えません。これはあくまで核武装に至ればという仮定の議論ですが、軍事的な緊張を利用するような大胆な行動をとるリスクが高まる可能性もないとはいえません。

核武装後の挑発には、二つのケースが考えられます。一つは、北朝鮮による核保有や、国際社会と米国の圧力によって中国も制裁を強化せざるを得なくなり、苦しくなった北朝鮮が韓国や日本を挑発することで軍事的緊張を高め、戦争を避けたい中国に「このままでは戦争になるぞ」と制裁緩和を迫るケースです。ただし、ロシアが抜け道を与えてしまうなどして、北朝鮮が追い込まれなければ、そうした事態には至らないかもしれません。

もう一つは、逆に北朝鮮が自信を深めた場合です。一方的な誤認ともいうべき事態ですが、二種類の思い込みが重なると危ない。一つ目は、自らの核ＩＣＢＭが米国領を射程に捉え、その事によって米国の通常攻撃を一定程度抑止できるという思い込み。二つ目は、北朝鮮が核ＩＣＢＭを持つことで、日本と韓国が自国防衛に対する米国の関与に疑いを抱くデカップリングが生じると思い込み、それゆえに軍事的威嚇を伴う各種の要求や恫喝に日韓が屈しやすくなるという思い込み。これらの思い込みが重なると、北朝鮮は、自国の核兵器が米国による報復攻撃に上限を作れるとの想定の下で、軍事的な威嚇で日韓を恫喝すれば要求を実現できるかもしれないと考える可能性もないとはいえません。もちろん日米韓は、脅しに屈しない可能性が高いので、この思い込みは北朝鮮の誤認となります。将来、北朝鮮が核ミサイルを増やせば増やすほど、こうした誤認を犯すリスクは高まるので、誤認を犯させないための防衛面での取り組みや、危機への備えを着実に進めていくべきだと思います。

──外交攻勢の可能性はありませんか。

森　それもあると思います。核武装を達成する前の段階では、今のように対話攻勢で時間稼ぎをしつつ、そこに韓国を呼応させ、米韓の間に溝を作り出そうとしています。しかし、対話は非核化に向けた結果を出さないでしょうし、おそらく北朝鮮は遅かれ早かれ核実験ないしミサイル発射を再開するので、挑発サイクルが戻ってくることになるのではないでしょうか。

他方、核武装後も北朝鮮が外交攻勢に出るという見解もあり、韓国の専門家の方からそうした見方を何度か聞いたことがあります。北朝鮮が将来の交渉の中でどのような条件を出してくるかは全く分かりませんが、完全な非核化で一致する日米韓の間に、やはりくさびを打ち込もうとするでしょう。見返りとして在韓米軍の撤退を求めたりするかもしれず、中国がそれに便乗しようとするかもしれません。同盟を分裂させようとするような外交攻勢には警戒しないといけません。

木宮　デカップリングのリスクは重要な指摘です。北朝鮮の軍事的挑発が激化し、米国の拡大抑止による関与に疑念が生じれば、日韓は北朝鮮の圧力に引き下がるか、あるいは独自の軍事力の強化、ひいては核武装論を呼び起こしかねません。少なくとも韓国では議論になるでしょうし、仮に韓国で核武装論が盛り上がれば、日本も影響を受けるかもしれません。

岩崎　韓国はこれまで、米軍との協議で保有するミサイルの飛行距離を三〇〇キロメートル以内に制限されてきました。しかし北朝鮮の脅威が高まり、米国の相対的な力が低下し、韓国が独自の安全保障を希求するにつれ、それまで韓国が保有してきたミサイルの射程の延伸を図ってきています。この状態は南北間において軍拡が進んでいることを示しています。韓国が長射程ミサイルを保有することは、日本の安全保障にとり、極めて好ましくない状態を生じさせています。

木宮　本来であれば米国の「核の傘」がそのような議論を抑えてきたのですが、トランプ大統領自身が「アメリカファースト」を掲げる人物ですし、政府とは異なりますが、世論調査をすれば、米国民の多くは日韓が核武装をしてもかまわないと考えています。軍拡や核ドミノを回避するためにも、日米韓のみならず中ロも協力して北朝鮮の非核化に真剣に取り組まねばなりません。

南北の信頼醸成が、非核化のプロセスに結びつき難い。韓国外交のジレンマだ。

南北関係強化にみる韓国外交のジレンマ

――折しも、朝鮮半島では南北対話が始まりました。

岩崎　新年以降、北朝鮮は平昌オリンピック・パラリンピックを機に、韓国の文在寅（ムン・ジェイン）政権との間で対話の空気を醸成しようとしています。北朝鮮の態度の変化の背景には、制裁により北朝鮮経済がかなり困窮していることが考えられます。また、核や弾道ミサイル体制の確立までの時間稼ぎという意味もあるでしょう。

木宮　日本から見れば北朝鮮は安全保障の問題ですが、韓国にとって南北関係の促進は、民族統一を希求する国民感

きみや　ただし　1960年生まれ。韓国高麗大学大学院政治外交学科博士課程修了（政治学博士）。専攻は国際関係論、朝鮮半島地域研究。法政大学助教授などを経て現職。著書に『ナショナリズムから見た韓国・北朝鮮近現代史』『国際政治のなかの韓国現代史』など。

問題の長期化に備える必要がある。今後のコストとリスクを見通して、新兵器・新技術の開発に着手すべきだ。

情に訴えるだけでなく、外交上のプレゼンス増大の機会でもあります。冷戦終焉直後の朝鮮半島には、体制競争に勝利した韓国主導で統一が進むといった楽観論も聞かれました。しかし北朝鮮の体制は存外に強靭で、韓国に吸収されるどころか、核ミサイル開発に邁進することで、韓国を迂回して米朝関係を軸に北東アジア国際政治を展開しようとしています。その結果、韓国は朝鮮半島をめぐる国際政治の中で周辺化されてしまった印象が拭えません。韓国にすれば南北で信頼関係を醸成し、北朝鮮に対する韓国のプレゼンスを高めることで、朝鮮半島をめぐる国際政治を主導したいところです。

岩﨑　しかし北朝鮮は、交渉相手は米国のみと考えています。韓国に限らず、そこに他国が入り込む余地は極めて少ないと思います。

木宮　まさにそこが問題です。ご指摘のように北朝鮮は、核ミサイル問題に関しては徹頭徹尾米国を意識しており、韓国はバイパスされています。その点で、北朝鮮を南北の枠組みに組み入れようとする韓国の「ラブコール」は、北朝鮮には届いていません。北朝鮮の「新年の辞」もよく読むと、平昌オリンピックに関する南北対話には積極的ですが、核・ミサイル問題は南北ではなく米朝の問題であると明言しています。韓国のジレンマは大きいですね。

――現在の南北対話が進むことで、米韓関係、あるいは日米韓の協力関係が弱まることはあるでしょうか。

木宮　文在寅政権は「進歩」政権ゆえに、そのような心配をする向きもありますが、韓国においては、米韓同盟が安全保障の基軸であるという認識は、「進歩」陣営も含めて広く共有されています。米韓同盟をギクシャクさせてま

もり　さとる　1972年生まれ。京都大学大学院法学研究科修士課程修了。外務省勤務を経て、東京大学大学院法学研究科博士課程修了。博士（法学）。専攻は国際政治、現代米国外交。法政大学准教授などを経て現職。著書に『ヴェトナム戦争と同盟外交』など。

で南北関係の改善に前のめりになることには、国内でも強い批判があります。文政権といえども、核ミサイル問題での進展がないにもかかわらず、韓国が南北関係の改善に向けて大きく舵を切ることは難しいでしょう。

軍事オプションを活用するトランプ政権

――米国はどのような戦略を持っていますか。

森 トランプ政権の対北朝鮮政策は、歴代政権とは質的な違いがあると思います。その特徴は、制裁を背景にした外交が、ある時点で軍事オプションに切り替えられる可能性を強く示唆するところにあります。歴代政権は北朝鮮に対して、核・ミサイルを放棄して体制を維持するか、あるいは開発を続けて経済制裁を受け続けるか、選択を迫ってきました。もちろん三つ目のオプションとして軍事行動もあったわけですが、コストとリスクが大きすぎるということで、一時期を例外に、現実の選択肢から外されていました。

岩﨑 私は米国の歴代大統領の対北朝鮮戦略・政策は、北朝鮮から「なめられて」いたのではないかと感じています。特にオバマ政権時には、北朝鮮の核に対し強い態度をとることは、結果的にありませんでした。北朝鮮は「米国がこの程度の反応なら、開発を続けても大丈夫だ」と思ったのではないでしょうか。ここ二年ほどは国連安保理決議で非難だけでなく制裁も強化されましたが、依然として北朝鮮からはどこか軽く見られています。米国は自らがより前面に出て対応する必要があります。

森 軍事オプション重視は、中国への牽制でもあります。朝鮮半島での戦争をなんとしても避けたい中国に対して、より効果のある制裁を行わせる圧力になりますし、さらに米国独自の「二次制裁」で補完しようという腹づもりです。トランプ大統領の「不確実性」も相まって軍事オプションの現実味が高まり、米国の北朝鮮や中国に対する圧力外交、強制外交が、前政権の時よりも活性化しています。

岩﨑 しかし、中国にあまり大きな役割を期待するのは、中国を有利にするだけで、かえって米国の消極性の表れと捉えられかねません。昨年二月の安倍総理訪米時、夕食会の最中に北朝鮮がミサイル実験を行いました。安倍総理が即座に抗議のスピーチをしましたが、その後でトランプ大統領も短くスピーチをしました。その際、日本を支援する趣旨で「stand behind Japan」という表現を使っています。この時のミサイルはロフテッド軌道で日本海に落ちたので、日本に対する脅威と感じたのかもしれません。しかし北朝鮮が発射した弾道ミサイルは対米用に開発中のものであり、通常の同盟国であれば、そして米国にリーダーとしての感覚があれば、「stand with Japan」と言うべきではないでしょうか。トランプ大統領は、北朝鮮の真の狙いを理解していなかったのではないかと、この時感じました。対日攻撃ということであれば、スカッドERやノドンでも十分です。

森　トランプ政権一年目は、北朝鮮問題がアジア政策の中心的なアジェンダになりました。その背景には、まさに岩崎さんが指摘された点ですが、北朝鮮の核・ミサイル開発が米国本土の安全を脅かす能力を持ちつつあるという認識が定着したことが挙げられます。

――米国への懸念として、北朝鮮とＩＣＢＭの廃棄・凍結だけで手を打つのではないかという見解があります。

森　昨年一二月にティラソン国務長官がアトランティック・カウンシルで北朝鮮との前提条件なしの交渉を提案しましたが、ホワイトハウスに否定されて修正しました。いまでも非核化が交渉の大前提です。現時点でそうした取引に応じる可能性は低いと思います。

たとえそのような案があったとしても、そもそも北朝鮮はＩＣＢＭを差し出すだけで、肝心な核兵器を開発できるわけですし、しかも開発可能なＩＣＢＭを全て破棄した、あるいは極秘裏に製造していないことを確かめる検証体制の実効性も怪しい。アメリカが不利益を被って、北朝鮮を利するような取引は、利害得失にこだわるトランプ氏は受け入れないのではないでしょうか。なお、仮にＩＣＢＭだけを凍結して、米国に脅威が及ばなければそれでよいといった取引が出てくることになれば、同盟国の日本や韓国を切り捨てることを意味しますので、国務省も国防省はもちろん、連邦議会も猛反対するでしょう。

――外交面の展望はいかがでしょう。

木宮　軍事オプションは最後の一手で、現実問題として簡単には選択できません。北朝鮮はとにかく米朝対話に持ちこみたいわけですが、北朝鮮の核・ミサイル問題は国際化されており、南北関係や米朝関係のみに収斂されるわけでもありません。韓国は朝鮮半島に深くかかわる日米中ロを「四強」と称して重視してきましたが、韓国を含め五ヵ国が役割分担を整理する必要があります。

経済制裁については、日米は独自制裁を含めてほぼ出し尽くした感があります。他方で中国やロシアは北朝鮮に大きな影響力を持ちながら、制裁についてはある種の「余力」を残している。まずは中ロがより厳しい制裁を発動するように働きかけ、一方で日米は、国際的な圧力を強化しつつ、非核化へのロードマップを作成するなど、次の段階のアプローチを準備する。そのような形で五ヵ国の協力関係がもう少し深まらないと、北朝鮮にとって事態の深刻さを伝えられないのではないでしょうか。

岩﨑　ロシアの役割も注視したいところです。プーチン大統領が事態をただ静観しているとは思えません。たとえば中国が原油や石油製品、そして食料品などを止めたら、ロシアが裏で供給するといったことも想定できないわけではありません。注意したいのは、中ロと日米では、北朝鮮の非核化では歩みをそろえられても、その後の北東アジアの秩序イメージはかなり異なるということです。中国やロシアには、もし北朝鮮が崩壊して韓国主導で朝鮮半島が統一し、しかも引き続き米軍も駐留するといったシナリオは、北朝鮮がこのまま核兵器を保有してしまうよりも悪いシナリオでしょう。朝鮮半島の非核化はそう簡単ではありませんん。しかし我々はそこに向けて地道な努力を続ける必要があります。

軍事オプションは発動できるか

――軍事オプションは、どの程度差し迫っているのでしょう。

岩﨑　軍人からすれば、軍事オプションとしていくつかの選択肢を用意することは、別に特別なことではありません。歴代政権もそうしていたと考えます。ただ、どちらが第一撃を放つかは、決定的に重要な問題です。金正恩委員長が先に仕掛けることがあるかというと、先に手を出せば体制維持どころか国家消滅につながりかねず、かなりハードルが高いでしょう。しかし、米国に攻撃されたら全力で反撃し、全面戦争につながると思います。

では米国はどうか。韓国には五一〇〇万人の韓国人に加えて、二〇万を超える米国人定住者や観光客がいます。北朝鮮は三八度線に一万を超えるロケット砲や大砲をそろえています。これを一瞬で全滅させるような奇襲攻撃ができれば別ですが、実際は完璧に空爆することは困難です。残存したロケット砲などが火を噴けば、ソウルはまさに火の海です。そうなれば韓国人のみならず米国人を含む外国人たちにも被害が及びます。これを覚悟できなければ、米国から第一撃を行うことはないと考えます。仮に第一撃を行う場合には、国際社会を説得する理由が必要となります。以上の観点から、米国による第一撃もかなりハードルが高いのです。

森　米国大統領は、政治的コストも勘案するはずです。米国が第一撃を仕掛けるということは、それに伴って生じるさまざまな事態の全責任を、大統領が引き受けるということです。レッドラインとよく言われますが、譲り得ない一線を引いて、相手がその線を割ったから攻撃するのと、線を引かずにいきなり攻撃をしかけるのとでは、国内・国際社会に対する政治的責任の重さが異なります。線を引かずに第一撃を加え、米国人犠牲者を含む甚大な被害を招けば、トランプ大統領は国内外から糾弾され、「岩盤」の支持層がいても政治的に立ち往かなくなるでしょう。そこまでの政治的リスクを負うかどうか。自国への直接攻撃がないまま北朝鮮を攻撃するなら、まず線を引くはずで、線も引かずに米国が第一撃に及んで巨大なリスクを負うか、やはり疑問です。もちろんトランプ大統領のことで、なんとも言えませんので、そうした可能性に備えてはおくべきですが。

岩﨑　しかし、レッドラインは公言すべきかどうか。公言すれば、相手は「その手前までは大丈夫」と考えるでしょう。本来レッドラインは公にするものではなく、仮にその線を超えて先制攻撃を行った場合は、事後的に国際社会に明らかにして、国内のみならず世界の評価を待つ、ということでしょう。昨年四月に米国がシリアに巡航ミサイル五〇発を撃ち込んだ際は、事後的に化学兵器使用がレッドラインであることを公表しました。

森　対北朝鮮攻撃の場合、対シリア攻撃とは比べ物にならないほど深刻かつ予測不能な事態が攻撃後に生み出される可能性が高いので、それに伴う政治責任も巨大です。

レッドラインには、地理を対象とするものと、行為を対象とするものがあります。地理的な線引きは非常に危うい。しかし、行為の抑止を目的とした線引きは、相手に対する要求を強固な意思をもって示す意味があります。また、線を引くことによって、相手に線を割るかどうかの判断をゆだね、線を割ることによって生じる事態の責任を相手に負わせるという政治的な機能もはたします。北朝鮮攻撃に伴う政治的責任はシリアよりも格段に大きいので、もし仮に攻撃するなら、線引きして北朝鮮に責任を負わせざるを得ないのではないかと考えます。

――米国は北朝鮮にレッドラインを引くのでしょうか。

森　いまの時点で米国が北朝鮮に対して、自国への直接攻撃を超えたところでレッドラインを引くことはないように思います。線を引けば、北朝鮮がそれを割った場合に武力攻撃することを確約するわけですが、戦争のコストとリスクは大きい。線を引かない内は先制攻撃せず、攻撃するなら線を引くが、おそらくそこには至らない。ただし、実際のところどうなるかは分かりません。

木宮 いずれにせよ、軍事的にも、政治的にも、先に手を出すことは米朝ともにかなりハードルが高いということです。だからといって軍事オプションがリアリティを失えば、オプションたりえません。日本にとっても、もし戦争になれば相当の被害を受けますが、かといって軍事的リアリティがないと北朝鮮への圧力にはならない。

森 抑止の難しさですね。レッドラインを引かないと軍事オプションにリアリティは出ないし、相手はじわりじわりと事を先に進めていこうとする。

もう一つ、仮に軍事オプションが採られたとして、爆弾を落とせばそれで終わりというわけではありません。その後の北朝鮮をどうするかの構想が不可欠であることは、言うまでもありません。

日米韓のさらなる連携強化を

――最後に、日本の役割をうかがいます。

木宮 繰り返しますが、北朝鮮が核ミサイル開発を行うことで自らを取り巻く問題を国際化させている以上、この問題を国際的な枠組みの中で解決するしかありません。対米関係を念頭に置いて核ミサイル開発に邁進しながら、朝鮮半島問題は民族同士で解決しようという北朝鮮の姿勢は、元来が矛盾しているのです。したがって、短期的には軍事的衝突を回避し、中長期的には北朝鮮の非核化を進めるために、日米韓中ロがかなりの程度認識を共有し、協力していくことが最優先です。この点、安倍首相が果たす役割は大きいと思います。世界を見渡しても、北朝鮮問題でトランプ大統領に提言できる人はそうはいません。

岩﨑 安倍総理は、世界のリーダーの中でトランプ大統領から最も信頼されており、大統領に適切なアドバイスができる関係にまでなっています。

木宮 加えて、日中関係も改善の兆しが見え始め、日ロ関係も良好です。このような外交資産をうまく活用することで、日本外交のプレゼンスも向上すると思います。

森 国際的な圧力の輪を広げるという意味で、国連安保理決議の履行の徹底を図りたいところです。北朝鮮と関係を持っているさまざまな国に対して外交的に働きかけ、抜け穴を一つ一つ閉じていく。まだまだ抜け穴があると言われています。同時に、水面下の接触で、北朝鮮の立場に実質的な変化があるかどうか、常に温度を測り続ける独自のチャンネルを持とうとする努力も必要でしょう。

先ほど木宮先生がご指摘された非核化へのロードマップ

も、準備する必要があります。ただ、非核化交渉には二重の難しさがあります。すなわち、ロードマップそのものの難しさと、検証体制をどのように機能させるかという難しさです。特に後者は、一九九四年の枠組み合意以来、何度も裏切られてきたという思いが当事者にはあります。

木宮 実際に米朝関係が動き始めるかどうか、予測はつきません。ただ、経済制裁が効き始めているのは確かなようで、交渉を求める何らかのシグナルが示される可能性はあります。それが単なる時間稼ぎでは意味がありませんが、北朝鮮の核・ミサイル開発のスピードを遅らせる要素が強いのであれば――凍結であればなおよいですが――ある程度は交渉に応じるべきでしょう。

岩﨑 廃棄はもちろん凍結もかなり困難でしょうから、開発を遅らせ、非核へ導くことが大切です。

森 圧力と抑止だけでなく、交渉の窓が開いたときに十分に活用できる準備は必要ですね。

――日本の防衛という点では、いかがですか。

岩﨑 まず、弾道ミサイル防衛（ＢＭＤ）をより強固にすることでしょう。現在はイージス艦のＳＰＹレーダーとＳＭ３ミサイル、およびＰＡＣ３のペイトリオットによる二段階の迎撃ですが、イージス・アショアなどの第三番目の防御手段の必要を感じています。

それに加えて、反撃能力も持つべきでしょう。そのためには射程の長いミサイル、あるいはトマホークなど巡航ミサイルの保有などは検討されるべきです。核については、議論は否定しませんが、保有は不要と考えます。

森 北朝鮮問題がどれぐらい続くかわかりませんが、現状がずるずると続く状況になった場合、北朝鮮のミサイルも当然増えてきて、いわゆる飽和攻撃の危険も高まります。さらに潜水艦発射弾道ミサイル（ＳＬＢＭ）も開発中と聞いています。その意味では、ミサイル防衛は非常に重要ですが、中長期的には、コスト面でのブレイクスルーという観点から、日本も指向性エネルギー兵器など新技術の開発で米国との協力を進める必要があると思います。

反撃能力についても、巡航ミサイルを導入するだけでなく、かなりのコストでしょうが、目標捕捉から被害評価に至るまでの一連のシステムを構築すべきです。最近ではミサイルがブースト・フェイズ（上昇段階）にある時に、それを無人機から滑空弾で撃つという構想など、さまざまな兵器システムの導入が検討されているようです。いずれも導入まで時間がかかりそうですので、だからこそいまから取り組みに着手すべきです。

岩﨑 国民の避難の問題も考えておく必要があります。Jアラートに対する国民の理解は必ずしも十分ではないと思いますが、例えば米国は韓国で非戦闘員避難作戦（NEO）を訓練しています。一昨年と比べて昨年の参加者はかなり増えたようで、その数は一万七〇〇〇人ともいわれています。危機感の表れと思います。我々もシェルターなど防護施設の整備、Jアラートを用いた避難訓練、あるいは在外邦人等の輸送（TJNO）の訓練も行うべきです。また半島有事を考えれば、朝鮮戦争時にそうだったように、難民対策も必要となるでしょう。何の準備や訓練もなければ、いざというときに国民の安全を守れないのではないかと危惧します。

森 自衛隊は米韓の合同軍事演習にはオブザーバー参加です。韓国での政治事情の難しさがあるのは重々承知していますが、少なくともNEOの文脈では関係を実質化させておく必要があると考えます。実務的な観点から、三ヵ国が平素から万全の連携態勢をとってほしいところです。

岩﨑 現在の日韓関係では、韓国の飛行場や港に自衛隊の航空機や艦船が行くことは、かなり難しい状況です。韓国には複雑な国内事情がありますから……。

木宮 韓国としては、日本に侵略されたという経験を持つという歴史的な要因に加えて、近年は中国への配慮の要素も小さくありません。昨年一〇月に康京和（カン・ギョンファ）外交部長官が国会で「三つのノー」、すなわち、①これ以上THAAD配備をしない、②日米のミサイル防衛網に参加しない、③日本との安保協力は軍事同盟にならない、という立場を明らかにしましたが、このように日韓の安保協力には困難が伴います。

森 NEOにも影響が出そうですね。民間航空機や船舶であれば問題ないのでしょうが……。

岩﨑 自衛隊の船や飛行機が邦人退避のために直接韓国で活動するのは、かなりハードルが高いと思います。

木宮 しかし邦人退避は、一義的には邦人が対象ですが、実際はいろいろな国の人たち、場合によっては韓国人も一緒に動くことも想定されます。したがって、日本政府は、そうした話し合いをすることが北朝鮮を刺激して軍事的緊張を高めることになってしまうとして、話し合い自体を渋っている韓国政府を説得して、この協力をさらに進展させる必要があると思います。

岩﨑 韓国の人たちの避難にも関係することですから、最終的には納得してもらえるとの楽観的な考えもありますが、平素から地道な努力や訓練が必要と考えます。●

金正恩「新年の辞」を読み解く

金正恩委員長の新年メッセージは、予想通り「核の威力誇示」の一方で韓国への対話のよびかけと国内向けの経済重視政策が目を引く。どんな「舵取り」の方向性が見えるのか。

慶應義塾大学准教授
礒﨑敦仁
いそざき あつひと　一九七五年生まれ。慶應義塾大学大学院修士課程修了後、ソウル大学大学院博士課程留学。在中国日本大使館専門調査員、外務省第三国際情報官室専門分析員、ジョージワシントン大学客員研究員、ウッドロウ・ウィルソンセンター客員研究員などを歴任。共著に『新版 北朝鮮入門』など。

明るいグレーのスーツで「新年の辞」を述べる金正恩北朝鮮国務委員長（朝鮮通信＝時事）

　六回目となった金正恩国務委員長の「新年の辞」には、三年ぶりに多くの注目点があった。昨年一一月二九日のICBM発射の際には共和国政府声明を通じて「勝利」宣言が出されたが、元旦のスピーチでも金委員長自ら「国家核武力完成の歴史的大業を成就した」と宣言し、「核」への言及は昨年の四倍以上に増えた。「米本土全域がわれわれの核攻撃の射程圏内にあり、核のボタンが私の執務室の机上に常に置かれている」と述べ、「核弾頭と弾道ロケットを量産して実戦配備すること」も命じている。しかし、演説全体から読み取れる最大の特徴はむしろ韓国への対話攻勢であった。金日成・金正日バッジを着けないスーツ姿は昨年と同様だが、その色は明るいグレーで、融和姿勢を演出したものだとの分析も出ている。

　予想以上に踏み込んだ内容だったのは、二月に開催される平昌冬季五輪について「代表団の派遣を含めて必要な措置を講じる用意」があると表明したくだりだ。それまで北朝鮮国内では「南朝鮮」での五輪開催について明確に公表されておらず、党機関紙『労働新聞』など公式メディアで触れる際には「国際行事」などとぼやかした表現を用いてきた。

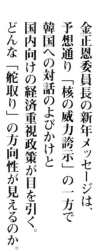

今回の対話攻勢が米韓同盟にくさびを打ち込む離間策の一環であることは、「わが民族同士」というスローガンに三回も言及し、「北南関係は、あくまでもわが民族の内部問題であり、北と南が主人となって解決すべき問題」などといった発言から明らかである。

同時に、米国との衝突を避けたいという思惑も透けて見える。わずか三〇分ほどの演説で「平和」という言葉は一〇回も連呼され、「責任ある核強国として、侵略的な敵対勢力がわが国家の自主権と利益を侵さない限り核兵器を使用しない」と強調された。

二〇一六年一月から外交を一切無視するかのように核・ミサイル実験を強行してきた金正恩政権だが、昨年九月三日に実施された六回目の核実験の時から『労働新聞』の論調は明確に変化していた。九月下旬からは、金委員長の動静報道が突如として経済関連活動に集中するようになっていたのである。対米抑止力の確保に自信を深めたのであろう。

金委員長は、今年のスローガンを「革命的な総攻勢によって社会主義強国建設の全ての部門で新たな勝利を勝ち取ろう！」に定め、経済制裁が強化される中でも「人民生活の向上」を目指す姿勢を明確にしている。そうした状況下で最も接近しやすい相手として、民族主義的な文在寅政権を選ぶのは当然の流れであったといえる。

経済政策は、金日成時代の千里馬《チョンリマ》運動になぞらえた「万里馬」や「自力更生」が強調されるなど、経済制裁にも左右されない「自立経済」への回帰の方向性が色濃い。石炭から人造ガソリン生産を目指す「C1化学」への言及のほか、地方経済を特色づけて発展させるべきだとの発言も見られた。

金正日時代に掲げられた「先軍」はついに姿を消した。それればかりか、「主体思想」や「金日成・金正日主義」への言及も皆無であった。国内統治の観点から思想教育が重視されている一方、金委員長がその中身を掘り下げることはめったにない。

人民におもねるかのような姿勢は昨年から継続された。一六年までは金日成主席と金正日国防委員長に対する挨拶が恒例だったが、昨年はその代わりに「全朝鮮人民に最も崇高で厳粛な心で熱い挨拶を送る」と述べていた。今年も「偉大な人民」「英雄的朝鮮人民」に二回ずつ言及して謙虚さを見せている。これは、長年の疲弊した経済により離れてしまった民心を取り戻す必要性を認識しているためかもしれない。幹部に対する恐怖政治とは対称的に、人民に対しては微笑み戦術で一貫している。●

「自由で開かれたインド太平洋戦略」の射程

「インド太平洋」。それは世界経済の長い展開の歴史から浮かび上がった地域概念であり、決して中国対抗のためのコンセプトではない。インドやサブサハラアフリカでの強靭な広域・多角的外交が、日本に求められる。

政策研究大学院大学学長

田中明彦

たなか　あきひこ　一九五四年生まれ。東京大学卒、マサチューセッツ工科大学政治学部大学院卒業（政治学PhD）。ルール大学、東京大学東洋文化研究所長、情報学環教授、国際連携本部長、理事、副学長、東洋文化研究所教授、JICA理事長などを経て現職。著書に『ポスト・クライシスの世界』など。

二〇一八年の日本外交は、喫緊の課題としての北朝鮮問題と、長期的システム的な課題としての自由主義的な世界秩序の維持という大きな課題に直面している。北東アジアの平和を維持しつつ、どのようにして北朝鮮の核兵器・ミサイル開発を押しとどめ非核化の方向に向かわせるか。この大変な難問こそ、日本外交が片時も忘れてはならない、目の前にある課題である。他方、トランプ政権のアメリカが、安全保障面を除いて、自由主義的な世界秩序の諸課題に関心をもっていないように見えるなか、日本外交は、将来の世界秩序をより健全な方向に導くための努力をするという、もう一つの大きな課題に直面している。自由主義的な世界秩序が、理念として日本人の価値観に合致しているということのみならず、このような世界秩序の維持・促進こそが、日本国民全体の今後の長期的利益に不可欠だからである。朝鮮半島の問題や日本の安全保障政策については、本誌で特別の座談会が組まれていることもあり、本稿では、後者の世界秩序をめぐる日本外交に焦点を当て、安倍首相が提唱した「自由で開かれたインド太平洋戦略」をどのように進めるべきかについて考察してみたい。

インド太平洋という地域概念

メディアでの解説では、しばしば「自由で開かれたインド太平洋戦略」は、中国の「一帯一路」構想に対抗する対中牽制外交だと指摘されている。たしかに、二〇一二年以降の日中政治関係が極度に悪かった時期には、中国側も世界中で対日批判をくりひろげたから、在外の大使館は、これへの対応に大わらわになったことがある。貿易大国としての中国のプレゼンスは、世界各地で驚異的に高まってきており、日本が何もしないと、巨大な中国の姿の前に日本が霞んでしまうという懸念は存在する。しかし私見では、「自由で開かれたインド太平洋戦略」を、短期的かつ反応的な対中対応策として形成していくのは、自由主義的な世界秩序を維持していくための日本の外交戦略としては、矮小かつ近視眼的だと思う。

なぜなら、インド洋と太平洋とを結合させた地域概念である「インド太平洋」(Indo-Pacific)という概念は、世界経済の超長期の展開のなかで生み出されてきた概念だからである。産業革命以来の世界経済の重心は、二〇世紀後半になるまで、大西洋地域であった。これが二〇世紀の最後の四半期には、太平洋に移動してきたといわれた。大平正芳首相が「環太平洋連帯構想」を提唱し、宮沢喜一首相が「二一世紀のアジア・太平洋と日本を考える懇談会」を作ったのも、環太平洋ないしアジア太平洋が世界の成長センターとなるとの認識からであった。つまり日本外交は、常に世界の成長センターに視線をそそいできた。その成長センターと日本の関係を緊密にすることによって、自らの繁栄を維持するということが日本外交のテーマだったのである。

二一世紀になり新たな展開が生じてきた。長年内向きとみられてきたインドが、本格的に自由化を進め世界経済に参入し、高成長をとげるようになってきた。ついで、二〇世紀後半まで停滞してきたサブサハラアフリカの成長が顕在化してきた。インドやサブサハラアフリカの今後の人口増を考えると、世界経済の重心は、太平洋というよりは、太平洋とインド洋を合体させた巨大な大洋のどこかに移動していくとみるべきなのであろう。インド洋周辺地域と太平洋周辺地域こそが、世界の成長センターとなってきたのである。こうして、二一世紀に入ってから、とりわけ二〇一〇年以降、世界的にも「インド太平洋」という地域概念が登場することになったのである。

*(「インド太平洋」をめぐる分析ならびに日本外交への提言としては、日本国際問題研究所『インド太平洋時代の日本外交』が最も包括的である)。

その意味で日本が今「インド太平洋」を重視するのは、単にどこかの国の動向に短期的に反応することよりも、より根源的な国益観に基づいているのである。だからこそ、安倍首相は、二〇一六年八月、この「戦略」を第六回アフリカ開発会議（TICADⅥ）で初めて発表した時、「アジアの海とインド洋を越え、ナイロビに来ると、アジアとアフリカをつなぐのは、海の道だとよくわかります。世界に安定、繁栄を与えるのは、自由で開かれた二つの大洋、二つの大陸の結合が生む、偉大な躍動にほかなりません」と語ったのだし、「アジアからアフリカに及ぶ一帯を、成長と繁栄の大動脈にしようではありませんか」と呼びかけたのであろう。

「インド太平洋戦略」の戦略性

とはいえ、「自由で開かれたインド太平洋戦略」は、いかなる意味で「戦略」なのか。要人の発言や公開されている外務省文書などから判断すると、目標ははっきりしている。この「戦略」を公式に打ち出した前述のTICADⅥでの安倍演説によれば、「日本は、太平洋とインド洋、アジアとアフリカの交わりを、力や威圧と無縁で、自由と、法の支配、市場経済を重んじる場として育て、豊かにする責任を担って」いる。すなわちインド太平洋地域を、力や威圧のない地域、自由な地域、法の支配する地域、市場経済を重んじる地域、そして豊かな地域に変えていくというのが、この戦略の目標である。これらの目標に向かって広大なインド太平洋地域が進んでいくことができれば、それだけで世界秩序をいい方向に向かわせることができる。

しかし、「自由で開かれたインド太平洋戦略」が「戦略」であろうとすれば、いかなる政策手段で、目標を実現しようとしているかが明らかでなければならない。残念ながら、外務省がこれまでに公表している文書や大臣演説などからは、その全貌は明らかでない。そこで、公表された文書や演説などで強調されている政策を参考にしつつ、筆者なりに重要だと思う施策を提示してみたい。

①広域連結性推進政策

広大なインド太平洋地域の社会や経済の発展にとって、何といっても必要なハードウェアは、国と国とを結びつけていく広域インフラである。海洋で国と国を結びつけるためには港湾施設が拡充されなければならないし、また、海から内陸に向けてつながる回廊（道路や鉄道）が整備されなければならない。東南アジアでは、東西方向の交通路の整備に日本は長年尽力してきた。これをさらに南アジア方面に結びつける必要がある。また、アフリカでは、とりわけ内陸国と海洋をつなぐ回廊インフラが重要になる。インフラ整備については、しばしば中国の「一帯一路」構想との競合が議論されることがあるが、この地域インフラ需要は莫大であって、補完的だと考えるべきである。インド太平洋周辺諸国の経済発展や社会開発の実情からすれば、日本企業にそれほど競争力のない分野であっても、大変重要なインフラは数限りなく存在する。今後は中国との協調的関係の構築をめざすべきである。

②人材養成

日本の国際協力の柱の一つは、常に人材養成であった。特に日本における長期研修による開発途上国の人材育成は、東南アジアや中国などの経済発展に貢献してきた。今後も継続的にインド太平洋の国々から優秀な人材を日本に招き、各国の将来のリーダーとして成長してもらう必要がある。成長する途上国が「中進国の罠」に陥らず、持続可能な成長を継続するためにも政府・民間部門における高度人材が必要であり、その面での日本の貢献は必ずや評価されるであろう。他方、インド太平洋地域で活躍できる日本人人材を養成することも重要である。大学・大学院教育におけるグローバル化が指摘されて久しいが、官民のリカレント教育という面でも、インド太平洋地域に関する教育を充実させる必要があろう。高い評価を受けてきている国際協力機構（ＪＩＣＡ）ボランティア事業はさらに発展させなければならない。

③「人間の安全保障」と脆弱国支援

成長の可能性の高いインド太平洋地域であるが、この地域内部あるいはこの地域に近接する地域は、著しく脆弱な社会を抱えた世界の紛争地帯である。ミャンマーのラカイン州はじめ国境地帯、インド東部諸州、インド・パキスタン国境、アフガニスタン、イラク、シリア、イエメン、ソマリア、南スーダンなどでは、内戦の継続やテロの頻発・大量の難民などにより、人びとの「人間の安全保障」は日々脅かされる状態が続いている。

インド太平洋が安定的に繁栄軌道に乗っていくためには、これらの脆弱な周辺国や周辺地帯に平和をもたらし「人間の安全保障」を改善していかなければならない。国連平和維持活動（ＰＫＯ）への協力やＯＤＡによる平和構築支援を継続しなければならない。とくに難民キャンプなどへの人道支援とともに難民流入に悩む紛争周辺国に対する支援を続けるべきである。また、日本における難民申請手続きを適正なものとすると同時に、難民にとって日本が受け入れ先として魅力ある国となるような体制を整える必要がある。

ISの「首都」であったシリア・ラッカの破壊された街並みのなかで洗濯物を干す女性。脆弱な社会を抱える紛争国で「人間の安全保障」を改善する取り組みも重要だ（AFP= 時事）

④パワーポリティクスの管理

自由で開かれたインド太平洋戦略がうまく進んでいくためには、この地域の「大国」間関係をうまく管理していく必要がある。これを対中対抗戦略と見るのは矮小化であるが、軍事紛争の発生確率を下げるために必要な政策は、それが中国対応とみられるとしても、実施していかなければならない。地域の各国が適度の防衛力や海上保安能力を整備することは必要であり、日本が支援できる部分は支援すべきである。アメリカ、オーストラリア、インドとの安全保障協力を継続発展させるとともに、パワーポリティクスの管理のため、中国との密接な対話を今後さらに重視していく必要がある。

⑤広域多角的外交の模索

インド太平洋地域には、関係国すべてを包括するような国際的枠組みは存在しない。現在、ただちに巨大な国際会議や制度を作るのは、それほど建設的でない。日本外交の現在の優先順位からいえば、環太平洋パートナーシップ＝ＴＰＰ11を早期に発足させ、さらに東アジア地域包括的経済連携（ＲＣＥＰ）の合意を作って、インド太平洋の太平洋側から自由貿易の体制を強化していくということであろう。いずれにしても、インド太平洋の地理的中心に位置するASEAN諸国との関係はきわめて重要である。また、日本としてTICADや太平洋島サミットなど関係諸国との首脳レベルの外交枠組みの活用をさらに図っていかなければならない。

⑥統合的政策形成と着実な実施体制

自由で開かれたインド太平洋戦略を進めていくためには、外務省だけをみても、アジア大洋州局のみならず、中東アフリカ局、北米局、中南米局も含み、ほぼすべての機能局の仕事に関連する。外務省以外でも、財務省、防衛省、経産省、国交省をはじめほぼすべての省庁にも関係するし、JICA、国際協力銀行などの実施機関、さらには、民間企業やNGOとの連携も欠かせない。これらの多様なステークホルダー間の連携を図り、日本としての政策を実現するための仕組みが必要である。

現在、官邸に「経協インフラ戦略会議」があり、インド太平洋地域のインフラ輸出に関する議論は、ここで行われているようである。しかし、本来の意味での「自由で開かれたインド太平洋戦略」を策定して推進する場としては、現状の「経協インフラ戦略会議」はふさわしくない。日本企業受注のためのジャパン・ファーストの色彩が強すぎるからである。世界秩序を指導する「戦略」は、国家安全保障会議で議論するのが筋であろう。その場合は、国家安全保障局と外務省の国際協力局がより密接に連携しうる仕組みをつくっていく必要がある。

これだけ広大な地域を相手にした外交には、強靱な足腰が必要である。大使館の人員をさらに拡充するとともに、最近、河野太郎外務大臣が提起しているような外相専用機が必要である。柔軟なチャーター機の運用でもよいので、外相や他の閣僚やJICA理事長などが頻繁に各国を訪問できる仕組みを整えるべきである。インド太平洋の一部である太平洋島嶼国などは、いまだに日本の外務大臣は一回も訪問したことがない。商用機のみで各国回るのは大変時間がかかるからである。

以上、本稿では、安倍首相が提唱した「自由で開かれたインド太平洋戦略」を日本外交が自由主義的世界秩序を維持発展させていくための戦略と見なし、その望ましいあり方について私見を述べてきた。日本政府としての体系的な「自由で開かれたインド太平洋戦略」の全体像を示した戦略文書を早期に公表することが望ましい。●

中国大国外交の「硬」と「軟」

中国の台頭と米国の漂流——。アジア秩序変化の中心にあって「強国・強軍の夢」を憚りなく語る中国。朝鮮半島情勢と「一帯一路」を切り口に多様な中国外交の顔を読み解く。

東京大学教授
小原雅博
こはら　まさひろ　一九八〇年東京大学卒業、外務省入省。アジア大洋州局審議官、上海総領事などを経て、二〇一五年より現職（「現代日本外交」を担当）。著書に『「境界国家」論』『チャイナ・ジレンマ』『国益と外交』『東アジア共同体』など。

三〇年以上にわたって人類未曽有の経済成長を続けてきた中国は世界の頂点を目指す。それは「近代の屈辱」を清算し、栄光の歴史を取り戻す「中華民族の大復興」を意味する。国力の増大と国際社会での存在感の高まりによって「韜光養晦《とうこうようかい》（能力を隠して時を待つ）」戦略は役割を終えた。習近平国家主席は「奮発有為（奮起して事をなす）」という積極的・能動的な外交を展開する。それは「二つの一〇〇年」の目標に収斂する。中国共産党創立一〇〇周年（二〇二一年）までに小康社会（ややゆとりのある社会）を実現するとの目標は達成した。次は中華人民共和国建国一〇〇周年（二〇四九年）に世界の中心舞台に立つ社会主義現代化強国となることである。これほど明確な長期目標を掲げて発展を続ける国家は他にない。

日本では依然として「中国崩壊論」がもてはやされる。しかし、注目すべきは変化であり、活力であり、チャンスである。その中核が「一帯一路」による巨大経済圏だ。豊かさを求める一四億人の活力は奔流となって西に向かい、欧州経済をも呑み込む勢いだ。中国包囲網を提唱しても、世界は乗っては来ない。アジアインフラ投資銀行（AIIB）がその例だ。他方、日本は今後三〇年ほどで人口が二〇％以上減少する。もはや、経済力で日本に勝ち目はない。パワーバランスの変化やリベラル秩序の後退もあって、対中戦略の難度は高いが、中国の活力を取り込むくらいのしたたかな外交とビジネスを展開できるかがカギを握る。

習近平が目指す国際秩序と大国関係

昨年一〇月の中国共産党大会で、習近平総書記は毛沢東にも並ぶ権力者となった。中国の外交や安全保障は習近平の思想と決断にかかっている。その習近平が提唱し、今や一四億人民が唱和する至言となったのが「中国の夢」である。「宇宙飛行の夢」「空母の夢」「生態文明の夢」「両岸共同の夢」など、中国ではあらゆる夢が氾濫する。しかし、その中心には、世界最強の国家を目指す「強国・強軍の夢」がある。それは、米国、そして世界秩序への挑戦を意味することになるのだろうか。

北京オリンピックや世界金融危機を経て、中国は蓄えた力を外に誇示する「大国外交」を鮮明にした。それは、「核心利益」においては譲歩を排し力の行使もためらわない積極防御と、経済力をテコに国際秩序の再編に動く能動的攻勢からなる。前者は南シナ海での埋め立て・軍事化と尖閣諸島周辺への公船・航空機侵入につながった。後者はAIIBや「一帯一路」を生んだ。中国の大国外交が世界にリスクとチャンスを振りまき、米国では警戒感が高まる。

中国は対米関係を「新型大国関係」と定義する。「トゥキディデスの罠」と呼ばれる新旧大国間の戦争を避け、自らのモデルを相手国に押し付けないことを前提とし、アジア太平洋での対等の関係を築こうとする中国の提案にオバマ大統領は「リバランス（再均衡）」政策で応えた。その柱となる環太平洋パートナーシップ（TPP）合意にこぎつけ、「世界経済のルールを中国のような国に書かせるわけにはいかない」と強調した。しかし、トランプ大統領はTPPから離脱し、中長期的な戦略より短期的なディール（取引）を優先し、自由や民主主義といった価値よりも商業的な利益を追求する。そんな相手は習近平国家主席には与しやすいに違いない。昨年一一月のトランプ訪中では、二五〇〇億ドルにのぼる商談を演出し、トランプ大統領を歓喜させた。

アジアの秩序は、中国の台頭と米国の漂流によって変化しつつある。習近平は「人類運命共同体」を提唱し、協力とウィン・ウィンと共同発展を主張する。

しかし、それは詰まるところ、かつての「中華」ヒエラルキーの再現に過ぎないのではないか、との疑問も拭えない。党の正統性を支える論理として国民に刷り込まれた「弱ければ打たれる」との歴史の戒めは過剰なナショナリズムとなって政府の対外政策を掣肘《せいちゅう》する。その一方で、グローバル化と情報化は中国の経済や社会を揺さぶり、変革の波は絶えることなく押し寄せ、チャンスとリスクが渦巻く。外交はそんな内政と絡み合う。ナショナリズムに引きずられる強硬外交か、経済利益に導かれる微笑外交か、国家の安全と安定を最優先する国益外交か、それとも世界大国としての責任を果たす王道外交か、今後も中国の外交は多様な顔を覗かせながら、アジアと世界の秩序に影響を与えていくだろう。今、その外交に世界が注目するのが北朝鮮問題と「一帯一路」である。

朝鮮半島危機と中国のジレンマ

リビアのカダフィ政権崩壊の二〇一一年に権力を継承した金正恩朝鮮労働党委員長は「頼りは核のみ」との確信を深め、核・ミサイル開発に拍車をかけ、昨年一一月末、ついに米国全土に届く能力を持つ大陸間弾道ミサイル（ICBM）を発射した。危機は同盟国の安全から米国本土の安全に関わる局面に入った。米国全土を射程に収める核弾頭搭載ICBMの完成と実戦配備が近づく中、米国本土の安全をリスクに晒さずに先制攻撃できる時間は限られる。軍事オプションを支持する共和党議員も多い。しかし、先制攻撃にせよ予防戦争にせよ北朝鮮の反撃能力を壊滅するのは困難だ。ソウルが火の海となり、米軍基地のある日本も対岸の火事では済まされない。日本全土に届くノドン・ミサイルは三〇〇発。核が搭載されれば一発でも被害は甚大だ。日本として甘受できる選択肢ではない。

対米抑止力を手に入れたと欣喜《きんき》する金正恩は韓国に揺さぶりをかける。トランプも一時間先が読めない大統領だ。キューバ危機の際、ケネディ大統領は誤算や誤解の余地を狭めるためにあらゆる努力を払った。トランプ大統領にそんな冷静さを期待できるだろうか。

平和的解決を主張する中国は米朝の狭間で苦悩する。中国が非核化を求めて石油や食料を止めれば北朝鮮経済は崩壊し、難民が中国東北部に流れ込む。緊張は三八度線よりも鴨緑江で高まる。他方、このままでは米国の軍事攻撃を招きかねない。武力衝突は難民や核の灰、そして緩衝国家の消滅というコストを中国にもたらす。既に、北朝鮮の挑発が韓国へのTHAAD配備や日米同盟の強化を促し、中国の戦略的利益を損なっている。日本や韓国が核保有に踏み切れば、核の連鎖はアジアに広がり、中国の周辺環境は劇的に悪化する。

ジレンマを抱える中国は北朝鮮が核・ミサイル開発を停

止すると同時に米韓軍事演習も停止する「二つの停止」を働きかけてきた。米朝がこれを受け入れ、核弾頭の小型化や大気圏再突入技術の完成に必要な核実験やミサイル発射が停止されれば緊張緩和と対話につながる。北朝鮮が約束を破れば米国は軍事演習を再開すればよい。また、今や軍事演習はコンピューター化された机上演習が中心で、野外演習停止が抑止力の核心を弱めることもない。しかし、そんな理屈に米国は乗れるだろうか。相互不信は中朝間でも根強い。圧力にも関わらず北朝鮮の核・ミサイル開発は続いている。現状に変化がなければ、独裁国家の対米抑止の完成か、それとも、米国の先制攻撃か、緊張が極度に高まりかねない。圧力と対話をどう組み合わせるか、外交が正念場を迎え、米中、米朝、南北コリアの駆け引きが佳境を迎える。

「一帯一路」による巨大経済圏の出現

昨年、習近平国家主席が主催した「一帯一路」国際会議には、二九ヵ国の国家元首と政府首脳を含む一三〇余ヵ国と七〇余りの国際機構の代表が参加した。「一帯一路」は党規約に盛り込まれ、中国共産党が不退転の覚悟で取り組む国家戦略となった。ある報告では総額九千億ドルのプロジェクトが実施または計画されている。規模では、第二次大戦後の米国のマーシャル・プラン（欧州復興計画）をはるかに上回る。他方、中国の狙いは巨額の外貨準備や生産過剰能力の活用、遅れた内陸部の発展、対外進出を通じた国有企業強化、沿線諸国との友好関係の増進や政治的影響力の増大、天然資源の確保など多元的だ。この巨大経済圏構想は地域秩序をどう変えるだろうか。

かつて著名な地政学者たちは、「ハートランド（ユーラシア大陸の内陸中心部）」や「リムランド（ユーラシア大陸の南側周縁部）」の重要性を指摘して、ユーラシア大陸の覇権を論じた。いずれの議論も、ユーラシアを支配するものが世界あるいは世界の運命を制すると結論づけた。「一帯一路」は陸のシルクロード経済ベルト（一帯）と海のシルクロード（一路）からなる。その範囲は中国から中央アジアや中東を経てアフリカや欧州にまで及ぶ。中国は「一帯一路」により「ハートランド」と「リムランド」を支配し、世界を制することになるのだろうか。

中国はその巨大な市場と経済力を使って国益確保を目指す地経学的外交を展開している。「一帯一路」はその例だ。ユーラシア大陸を横断する鉄道が物流革命を引き起こし、ヒト・モノ・カネが奔流する。「互聯互通（connectivity）」

の標語の下で、中国と沿線諸国とのつながりは深まり、中国の経済的テコと政治的影響力が強まる。投下資金の多くがローンで、国有企業の投資が奨励されていることから、返済が困難になれば鉱山やパイプラインや発電所が中国の手に落ちる可能性もある。米国では「新重商主義」による資源・エネルギーの囲い込みにつながると警鐘を鳴らす専門家もいる。インドは一帯一路がカシミールを通ることに反発する。中ロ協力を謳いつつも、自らの勢力圏に押し寄せる中国経済の大波にロシアの心中も穏やかではないだろう。ユーラシアでの新たな「グレート・ゲーム」が中国主導で静かに進行する。

中国は改革・開放政策に転じて以降、米国が構築した国際経済システムの恩恵を受けて経済成長を実現してきた。「一帯一路」やAIIBはその終わりの始まりを意味するのだろうか。悲観論はリベラル秩序の後退を懸念する。党大会で打ち出された「共産党の全面的指導」の下で、「社会主義市場経済」が社会主義の市場経済への優越という方向に進めば、質の高いルールや透明性といった観点からの懸念は強まる。中国の途上国援助や投資活動は雇用など現地社会への配慮を欠き、環境破壊や汚職腐敗などの問題も引き起こしてきた。欧州では安価な中国製品の市場席巻や企業買収による技術流出への警戒感も出ている。これに対し、楽観論は中国の国際化、成長牽引や「通商による平和」に期待する。AIIBは世界銀行やアジア開発銀行（ADB）との協調融資を通じて国際標準を学び、国有企業を啓発する。また、アジアの膨大なインフラ需要は地域と世界の持続的成長を促す。そして、それは、グローバル化の正の効果を生む。道路や鉄道が伸び、人やモノがより多くより広く動くようになると、グローバル経済から遮断されていた人々にも経済チャンスが広がり、雇用や収入が増え、社会は安定する。貿易による経済発展は平和の基礎である。しかし、そうしてつくられた平和は「パックス・シニカ（中国による平和）」を意味することになるかもしれない。

日本外交の優先課題と日中関係の展望

日本が直面する最大の脅威は北朝鮮の核ミサイルである。日本は日米同盟に加えて中国との関係を改善し、朝鮮半島危機で連携・協力する必要がある。日中関係は貿易・投資から領土、安全保障、地域秩序まで利益とリスクのジレンマを伴う協力と競争の多面的関係である。対中外交には新思考が欠かせない。

本論考の締め括りとして、日本外交が優先的に取り組むべき北朝鮮政策と日中関係を展望してみたい。

北朝鮮問題については、新たな次元に入った危機が武力衝突に発展して日本に惨禍が及ぶことのないよう、非核化を目指して外交を総動員する時だ。

第一に、同盟関係はかつてなく堅固だが、弾道ミサイル防衛など日本の拒否的抑止力の強化に加え、米国の拡大核抑止（核の傘）の信頼性を目に見える形で再確認し合う必要がある。ワシントンDCを犠牲にしてまで東京を守るかとの疑心暗鬼が同盟に亀裂を生む「デカップリング（切り離し）」を顕在化させてはならない。また、圧力路線を維持する一方で、武力行使に対する日本の立場は静かに、しかし明確にトランプ大統領に伝えておく必要がある。

第二に、安保理制裁の完全履行である。国際社会から孤立した北朝鮮はイランと異なり制裁の効果は期待できないとの見方もあるが、北朝鮮に関する国連専門家パネルは加盟国の履行が不十分であると報告で強調する。日本は世界各国において安保理決議履行の働きかけを強めるべきだ。

第三に、カギを握る中国への働きかけである。そのためには、日中関係の改善が不可欠だ。

北朝鮮問題に限らず中国との関係は、日本の国益にとってきわめて重要だ。安倍政権の「国家安全保障戦略」は、①国家・国民の安全、②国家の繁栄、③普遍的価値やルールに基づく国際秩序の維持が日本の国益であると規定する。対中外交はこれらすべてに深く関わる。政治・安全保障のリスクを最小化し、経済の利益を最大化するとともに、国際秩序構築の動きに関与することが対中外交の基本となる。

第一に、政治的な信頼醸成と相互理解の増進である。それは両国首脳の対話なくしては始まらない。日中平和友好条約締結四〇周年に当たる本年は、両国首脳の相互訪問を実現し、幅広い分野で関係を発展させる好機である。

第二に、経済的ウィン・ウィンである。中国は日本にとって最大の貿易相手国であり、海外進出日本企業の半数近くが中国に集中する。政府にも企業にも中国の活力とニーズを取り込む意思と戦略が求められる。

第三に、国際秩序をめぐる対中関与である。日米が提唱する「自由で開かれたインド太平洋」戦略を構想に終わらせず、インドや豪州などと協力して具体的案件を目に見える形で推進する必要がある。同時に、「一帯一路」構想との接点を探り、将来共有し得る普遍的な価値や制度を発信するプラットフォームとして発展させるべきだ。日本のリベラル国家としての力量が問われている。●

トランプ外交二年目の課題
――変わり続けるその戦略と体制

政権二年目を目前に発表された米国国家安全保障戦略。だが大統領ツイートの振れ幅は依然大きい。トランプ・マネジメントからその理由を探り、入れ替わり続ける外交・安全保障担当スタッフの顔ぶれから二年目の外交と重点戦略を展望する。

日本国際問題研究所主任研究員
小谷哲男
こたに　てつお　大阪教育大学卒、同志社大学大学院アメリカ研究科修士課程修了、二〇〇八年同大学院法学研究科博士課程単位取得退学。ヴァンダービルト大学日米センター研究員、海洋政策研究財団研究員、岡崎研究所研究員等を経て現職。共著に『現代日本の地政学』など。

ドナルド・トランプ大統領が就任して一年、ワシントンから聞こえてくるのは、相変わらず政策議論よりもゴシップやスキャンダルばかりで、閣僚の発言を大統領自身がツイッターで否定するなど、トランプ政権の外交を理解することが難しい状況が続いている。それでも、この一年でトランプ大統領は一三ヵ国を訪問、一〇〇ヵ国以上の首脳と会談し、欧州や中東・アジア訪問時には政策演説も行った。二〇一七年一二月には大統領自身が国家安全保障戦略（NSS）を発表し、米国第一主義の下での外交がある程度見えてきた。本稿は、二年目を迎えるトランプ外交の課題を、外交戦略と政権内の政策決定過程の両面から検討し、今後のアジア政策への含意を導き出すこととする。

本気だった「米国第一主義」

トランプ外交二年目の課題を考察する前に、一年目を振り返ってみよう。トランプ大統領は、就任直後に選挙公約に掲げていたメキシコとの国境の壁建設や、環太平洋パートナーシップ（TPP）からの「永久」離脱、中東七ヵ国からの移民の停止など、立て続けに物議を醸す政策を実施する大統領令に署名した。就任前には、実際に政権運営を始めれば現実的な政策に落ち着くとの見方もあったが、トランプ大統領の米国第一主義は単なる公約ではなく、政権の運営方針そのものであることが明らかとなった。

米国第一主義とは、単なる保護主義ではない。トランプ大統領の就任演説や、米議会上下両院合同本会議で行った施政方針演説では、貿易赤字の拡大や移民の流入によって米国の製造業が衰退し、それによって経済力も軍事力も弱体化したため、貿易・移民・経済政策を見直すことで米国人の職を守り、収入を増やすことで税収の拡大につなげ、経済力を強化し、それによって軍事力も再建して力による平和を目指すのが、米国第一主義であると説明された。

しかし、米国で製造業での失業率が増加した理由は、貿易赤字や移民が原因ではなく、オートメーション化などによる生産性の向上のためであり、問題の本質を見誤っている。にもかかわらず、トランプ政権はTPPからの離脱に続いて、北米自由貿易協定（NAFTA）の見直しや、地球温暖化に関するパリ協定からの離脱など、多国間の経済枠組みを否定する姿勢を貫いた。五月のG7サミットでも、トランプ大統領は「自由で開かれた」貿易体制よりも「公平で互恵的」な貿易にこだわり、貿易をゼロサムゲームとして捉えていることを窺わせた。

米国第一主義は孤立主義でもない。トランプ大統領自身、世界への関与を続けていくことを明言している。二〇一七年四月には、反体制派に対して化学兵器を使用したシリアに空爆を行い、シリアに対して化学兵器の使用をレッドラインとしたにもかかわらず軍事力を行使しなかったバラック・オバマ大統領との違いを見せつけた。イラクとシリアで「イスラム国」（IS）の掃討作戦も強化し、アフガニスタンへの増派も決定し、中東や南アジアの安定への取り組みを強化した。核ミサイル開発を継続する北朝鮮に対しては、トランプ政権は圧力の強化を国際社会に訴えかけ、制裁に後ろ向きである中国とロシアも巻き込む形で北朝鮮包囲網を拡大している。

トランプ外交への国際的な批判の高まりを受けて、H・R・マクマスター国家安全保障問題担当補佐官とゲイリー・コーン国家経済会議委員長が連名で「米国第一主義は米国の孤立を意味しない」とする寄稿を米紙に行ったが、実際にはトランプ政権が国際社会で孤立する場面が増えた。トランプ大統領は北大西洋条約機構（NATO）首脳会議で演説し、加盟国の防衛費が不十分なため米国の納税者に損をさせていると、NATOの拠出制度を誤解した発言をした上で、集団防衛の根幹であるNATO条約第五条への言及を避けた。

オバマ前政権が力を入れたイランとの核合意に関しても、破棄には至らなかったが、トランプ政権はイランが合意を遵守していることを認めず、イランを反発させ、欧州諸国も懸念を深めた。トランプ政権がイスラエルの首都をエルサレムと認定したことは、中東情勢をさらに混乱させ、国連で首都認定撤回決議案に賛成票を投じた国には金融支援を打ち切る方針まで示した。

このように、トランプ政権は中東問題を除けば、米国第一主義に基づいて対外政策を経済安全保障の観点から見ており、戦後の米国が国際秩序を形成・維持し、普遍的な価値を擁護する役割を担ってきたことには、あまり注意を払っていない。むしろ、これまでの外交エリートは、他国の再建や防衛に力を注ぎ、経済のグローバル化を推し進める一方で、米国の国力を減退させてきたと批判している。オバマ大統領は米国の指導力の限界を認識してはいたが、国際秩序の擁護者としての役割までは放棄しなかった。トランプ大統領は、国際秩序を維持する役割を放棄した、戦後初めての米国大統領なのである。

政権内の矛盾を映す国家安全保障戦略

二年目を迎えたトランプ外交は、一年目の継続であると考えられる。二〇一七年一二月に策定されたNSSの内容は、一年目に展開された米国第一主義外交と基本的に同じだからである。NSSは「道義的な現実主義」に基づくとされ、追求すべき国益として国土防衛、米国の繁栄の促進、力による平和、そして米国の影響力の向上の四点が挙げられている。これらのうち、国土防衛と繁栄の促進、そして力による平和は米国第一主義を反映しているが、米国の影響力の向上は国際秩序の維持も強く意識している。トランプ政権内には米国第一主義を重視するグループと、国際秩序の維持を重視するグローバリストのグループが混在しているが、NSSは両者の考えを組み合わせた文章だと見るべきである。

NSSは、歴代政権のロシアと中国への関与政策が失敗したと結論づけ、代わりに米国主導の国際秩序に挑戦する「修正主義国」と位置づける両国との戦略的な競争を前面に打ち出した。これは、両国によって米国の経済・安全保障上の利益、そして米国の価値が脅かされているとすることで、政権内の米国第一主義者、とりわけ大統領自身にも米国の国際的な役割の強化を受け入れやすくする効果がある。トランプ大統領の米国第一主義外交に思想的な裏づけを与えているマイケル・アントン国家安全保障会議戦略コミュニケーション担当部長は、国際秩序の維持が米国の国益とされることに疑念を呈してきたが、大国間競争を勝ち抜く上でソフトパワーを重視することは、NSSの主要な起草者であるナディア・シャドロウNSS担当上級部長の持論である。NSSは、大国間競争を前提とすることで、米国第一主義の下でも国際秩序の維持が米国の国益であることを示し、一年目に軽視されてきた多国間外交や開発援助、普遍的価値の擁護など、ソフトパワーを重視する内容が含まれることになったのである。

NSSに基づき、今後トランプ政権は国家防衛戦略の策定や核態勢の見直しなどを行う。大国間競争を前面に出したことは、北朝鮮問題や中東問題などでロシアと中国との協力を難しくするかもしれない。しかし、実際の政策はNSSに基づいて実行されるとは限らない。しかも、NSSは「道義的な現実主義」を掲げるが、この「道義」の定義について政権内で共有されているわけでもない。示唆的なのは、トランプ大統領がNSSを発表した際、中ロとの協力を強調してその前提を覆し、TPPやパリ協定からの離脱を成果として挙げてソフトパワーを軽視する発言を行ったことである。NSSではイスラエルとパレスチナ双方にとって受け入れ可能な和平を後押しするとされているが、トランプ大統領がその発表直前にエルサレムを首都と認定したことも、NSSがトランプ外交の不確実さを示している。

トランプ外交の政策決定過程を読む

トランプ外交を理解するためには、政権内の政策決定過程も理解する必要がある。トランプ政権は、発足当初、オバマ政権の下で肥大化した国家安全保障会議（NSC）を縮小し、これを政策立案機関ではなく、政策調整機関と位置づけようとした。その結果、NSCのスタッフは三〇〇人から一〇〇人程度にまで減らされたが、政策の立案と実施を期待された各省庁は政治任用ポストがなかなか埋まらなかったため、閣僚級のスタッフがホワイトハウスでの政策調整だけではなく、政策立案面でも大きな役割を果たすことになった。

すでに述べたように、政権内には米国第一主義者とグローバリストがいる。前者を代表していたスティーブン・バノン首席戦略官は政権を去ったが、「バノン的」な考えが消え去ったわけではない。米国第一主義者は、大統領を筆頭に、ウィルバー・ロス商務長官、マイク・ポンペイオ中央情報局（CIA）長官、ロバート・ライトハイザー通商代表、ニッキー・ヘイリー国連大使、前出のアントン部長、スピーチライターのスティーブン・ミラー大統領上級顧問、ピーター・ナヴァロ通商製造業政策局局長、アレックス・グレイ同次長らがいる。後者のグローバリストには、レックス・ティラソン国務長官、ジェームス・マティス国防長官、スティーブン・ムニューシン財務長官、マクマスター補佐官、退任が決まっているディナ・パウエル同副補佐官の後任と見られる前出のシャドロウ上級部長、コーン委員長、大統領娘婿のジャレッド・クシュナー大統領上級顧問らがいる。なお、上記は便宜上の区分けで、役割上どちらかの立場を取らざるを得ない人物もいる。

二年目を迎えるに当たって、次官補級の政治任用ポストがようやく埋まりだしたが、今後も上記二つのグループ間の競争が政策決定にも大きな影響を及ぼすと考えられる。報道にある通り、グローバリストのティラソン国務長官が二月一日以降に退任することはほぼ確実で、後任に米国第一主義者のポンペオ長官が事実上内定している。コーン委員長の退任も噂されており、マクマスター補佐官は大統領との関係がうまくいっていないため、外交面では米国第一主義の影響がさらに強まる可能性が高い。また、秋の中間選挙が近づくにつれて、有権者にアピールするため外交面での米国第一主義が強まるであろう。

しかし、政策決定においても、最大の不確実要素は大統領である。トランプ大統領は政策を説明する文書にも目を通さないとされるが、会議では部下の説明を聞き、質問を繰り返す中で決定を行うという。一方、マネージメント方法として、部下を競わせることを重視しており、特定の部下を重用することを避ける。このため、トランプ外交は時に米国第一主義で、時にグローバリスト的になるのである。また、外交交渉において、相手に手の内を見せることを好まず、不確実性を強みと考えている。これは外交戦術としては時に有益であるが、戦略レベルでは米国の信用を低下させることにつながる。

インド太平洋地域への取り組みは

現時点で、二年目のトランプ外交がどの地域を重視するのかを断言することはできない。アントン部長は、政策はあらかじめ決められるものではなく、その時々の出来事に対応するものであると述べている。トランプ外交はよく言えば柔軟、悪く言えば場当たり的なのである。アジア歴訪中に、トランプ大統領は、安倍晋三首相が提起した「自由で開かれたインド太平洋」に言及した。しかし、トランプ大統領にとってインド太平洋はTPPの代わりに、二国間貿易交渉を通じて貿易赤字を削減するべき地域に過ぎない。東アジアサミットの欠席も、トランプ大統領のアジアへの関心のなさを物語っている。

それでも、トランプ政権が今後、中国との競争と北朝鮮問題への対応への必要から、インド太平洋を重視する可能性は小さくない。あまり知られていないことであるが、トランプ政権はNSSと同時に機密扱いのインド太平洋戦略を策定している。この機密戦略の要点は、NSSのインド太平洋に関する記述から読み取れ、地域における中国との戦略的競争を前提に、中国の軍事的脅威への対応と一帯一路への対抗、二国間貿易交渉を通じた貿易赤字の削減、北朝鮮への圧力の強化を重視し、そのために同盟国・友好国から協力と貢献を引き出すことが目指される。安倍首相が提唱する日米豪印の連携も重視される。

特筆すべきは、トランプ政権が台湾を重視する姿勢を隠していない点である。NSSでも「われわれの一つの中国政策」に基づき台湾との強い関係を維持するとされたが、トランプ政権は米国の「一つの中国政策」が中国の「一つの中国原則」を受け入れているわけではない点を明確にし、台湾への武器供与や政治・軍事関係の強化を目指している。

以上のインド太平洋戦略は、NSCのマット・ポッティンジャー・アジア上級部長に加えて、就任したばかりのランディ・シュライバー・アジア太平洋担当国防次官補、東アジア太平洋担当国務次官補に指名されたスーザン・ソーントン同次官補代行、豪州大使に転出が見込まれるハリー・ハリス太平洋軍司令官の後任に内定しているテレンス・オショーネシー太平洋空軍司令官らによって遂行されていくことになる。

トランプ政権のインド太平洋戦略は、中国の「強制外交」を牽制する上では有益と考えられるが、米中対立が深まることを地域各国は歓迎しないであろう。特に、台湾問題をめぐって米中の対立が深まる可能性が高い。トランプ政権が同盟国や友好国に、中国との競争への協力を求めてきた場合、日豪印を含めて地域各国は難しい判断を迫られることになる。日本には、トランプ政権に地域諸国が受け入れられる形での中国との競争を促しつつ、地域諸国にも中国との競争に備えるよう説得する役割が求められるであろう。●

金融緩和-日米欧の出口戦略
――利上げに向かう世界の金融市場と日銀の対応

中国が保有を減らした米国債の行く先は――。各国政府と中央銀行、そして投資家の「疑心暗鬼」は、新たなバブルの水域へ。FRB、ECBや各国中銀の動きを追い、二〇一八年の世界と日本の金融天気図を描く。

日本経済新聞社編集委員
滝田洋一
たきた　よういち　一九八一年慶應義塾大学大学院卒、日本経済新聞社入社。金融部、チューリヒ支局、経済部編集委員、論説副委員長、米州総局編集委員などを経て現職。二〇〇八年度ボーン・上田記念国際記者賞受賞。主な著書に『日本経済不作為の罪』『通貨を読む』『今そこにあるバブル』『世界経済まさかの時代』など。

二〇一八年の年明け、米国債市場でおなじみの「疑問符」が、再び頭をもたげた。中国は外貨準備で保有する米国債を圧縮するのだろうか。米ブルームバーグ通信が一月九日に「中国は圧縮検討」と報じて、翌一〇日に中国当局が否定してみせた。実際はどうなのか。

中国による米国債の保有状況は、米財務省の統計からうかがうことができる。一七年八月末の一兆二〇〇五億ドルが直近のピーク。その時点での海外勢の米国債保有総額である六兆二六八四億ドルの約二割を占める。

九、一〇月の中国による保有額は八月の水準をわずかながら下回っている。一〇月末の保有額は一兆一八九二億ドルと、八月末に比べて一一三億ドルながら少ない。元手となる中国の外貨準備が減っているかといえば、さにあらず。

一七年には中国の外貨準備は着実な増加歩調をたどっている。米国債保有が減った八月末から一〇月末の間をとっても、中国の外貨準備は一七七億ドル増加している。外貨準備は増えているのに、米国債保有は減っている。その事実を金融関係者は知っているから、ブルームバーグの報道にピリピリしたのだ。

実は米国債の保有を増やした国がある。目立つのはベルギーで、八月末の九六九億ドルから一〇月末には一一六〇億ドルに。二ヵ月間に米国債の保有額は一九一億ドル増えている。中国による保有額の減少と符丁が合うのは、偶然ではあるまい。ベルギーには国際的な証券の保管決済機関、ユーロクリアがある。

中央銀行など金融当局が保有する米国債の多くは、ニューヨーク連銀の保護預かり勘定に保管される。もし昨年の夏、中国が自身の保有する米国債の一部を、ユーロクリアに移したとすれば、どうだろう。

中国自身の保有額の減少とベルギーの保有額の増加が、同時に起きていることの辻褄が合う。ユーロクリアを使って米国債を保有するのは、中国自身の顔を表面に出したくないからだろう。

味わい深いのは、ブルームバーグの報道に対する中国当局の説明だ。「誤った情報源から引用し、虚偽の情報である可能性がある」。国家外貨管理局の担当者はそう述べたうえで、「外貨準備による米国債への投資は市場行為であり、市場の状況と投資の必要性に応じて専門的に管理している」というのだ。

トランプ米政権の保護貿易主義に対抗するため、中国が米国債カードを使うにしても、中国はすでに米国債を大量に保有している。大々的に売却を宣言したりすれば、米国債相場の下落を招き、中国自身も巨額のキャピタルロス（値下がり損）を被ってしまう。

もちろん中国当局は「市場行為」や「市場の状況と投資の必要性」といった言葉を用い、米国債保有を圧縮する可能性は否定していない。動くにしてもユーロクリアなどを使った、目立ちにくい取引ということになるのではないか。米国債市場は米中の角逐の舞台となるだろう。

利上げ観測に敏感な世界の債券市場

それにしても、年明け以降の米国債市場は売り材料に敏感である。米連邦準備理事会（ＦＲＢ）が金融緩和の出口に差しかかるなか、長期金利には上昇圧力がかかりやすくなっているのだ。二〇一八年早々から、一〇年物米国債の利回りは、節目とされた二・五％をあっさりと上回った。高い利回りでなければ買い手がつかないという意味で、債券相場は下落したのである。

米景気が上向いても物価は落ち着いているので、ＦＲＢは本格的な金融引き締めには動き出すまい。投資家はそう見て油断していた。だから、ちょっとした債券の売り材料に対しても、水鳥の羽音に驚く平家のように反応したのである。その一つが、中国による米国債保有の圧縮の報だが、日本銀行や欧州中央銀行（ＥＣＢ）の金融政策に関する思惑も影を落としている。

まず、一月九日に日銀が超長期国債の買い入れの減額を発表した。日銀は年間八〇兆円をめどに国債の保有を増やすとうたっているが、この調子で買い入れを減額すれば、一八年末の保有額は前年比で四〇兆円程度の増加にとどまる勘定となる。米国の投資ファンドなどは、日銀が「ステルス・テーパリング」に乗り出したと浮足だった。

敵のレーダーに捕捉されにくいのがステルス戦闘機だが、ステルスとは隠密の意。テーパリングは中央銀行による金融緩和の縮小をいう。要するに、日銀がこっそりと金融緩和の規模を縮小しだした、との思惑が広がったのだ。

ここで断っておく必要があるのは、一六年九月に日銀が金融政策のモデルチェンジをしている点だ。黒田東彦総裁の就任直後に決めた国債保有額の増加という「量」から、一〇年物国債の利回り（長期金利）という「金利」へと、金融緩和のターゲット（標的）を変えたのだ。その長期金利の誘導水準は〇％程度。

日銀としては、「長期金利の誘導水準を変更していないのに、市場参加者が何という先走りを」と言いたいところだろう。が、超長期国債の買い入れ減額の報に、米国債市場が敏感に反応したのは確か。その騒ぎが収まるか収まらないうちに、一八年一月一一日には、今度はＥＣＢから地震波が伝わってきた。

一七年一二月のＥＣＢ理事会の議事要旨が発表されたのだが、そのなかでＥＣＢの執行部が市場の予想以上にタカ派であることが判明したのだ。金融政策の世界で、タカ派とは引き締めに賛同する立場をいう。反対にハト派とは緩和に賛同する立場である。

ＥＣＢは国債などの資産を購入し、金融市場にお金を流しているが、その金額を一八年一月から月三〇〇億ユーロへと半減することになっている。その資産購入も一八年九月末にはやめるとの見方が多い。議事要旨が示唆するのは、資産購入をストップした後で、そう日を置かずにＥＣＢが利上げに踏み切ることを検討していることだ。

ＥＣＢの政策金利は足元ではマイナス〇・四％。つまり民間の銀行がＥＣＢにお金を預けると、年利〇・四％相当の手数料を取られる。ＥＣＢがこのマイナス金利の解消に動こうとしていることが判明したのである。

一九年一〇月にはイタリア出身のドラギＥＣＢ総裁が任期を迎えるが、次の総裁の座を狙うのはタカ派であるドイツ連銀のバイトマン総裁とされる。政策の舵取りにもそのドイツ色が今から滲み出している。

財政赤字の拡大がアメリカ経済の落とし穴？

もちろん金融緩和からの出口の先頭を走るのはFRBである。二〇一四年一〇月の時点で国債などの買い入れはやめ、一七年一〇月には保有額を段階的に減らしていくことを決めている。政策金利も一五年一二月から引き上げ始め、一六年一二月、一七年三月、六月、一二月と〇・二五％ずつ合わせて五回の利上げを実施した。

一八年についてもFRBのメンバーは三回の利上げを見込んでいる。FRB議長は一八年二月四日、イエレン現議長からパウエル新議長（現在は理事）に交代するが、パウエル氏は波風を立てない性格。イエレン路線の段階的な利上げを引き継ぐと見られていたが、海外から思わぬ横風が吹いてきたというわけだ。

もっとも、油断のタネは米国内にもあった。一七年末に決まったトランプ減税である。所得税や法人税の引き下げは米景気を浮揚させると、株式市場ははしゃいだ。でも、世の中にはコストの伴わないフリーランチ（ただ飯）はない。減税に伴う財政赤字の拡大だ。

米財政赤字は国内総生産（GDP）比で一四年度に二・八％まで低下した後、徐々に上向き始め、一七年度には三・五％に。今回の減税の結果、みずほ総合研究所の試算によれば、二〇年度には五・〇％まで上昇するとみられる。トランプ減税がなかった場合は四・〇％とみられるので、財政赤字のGDP比は一・〇ポイント拡大する勘定だ。

米財政赤字の拡大は、国債の増発につながり債券市場の重圧となる。減税と歳出増にともない財政赤字は広がるが、米政治の舞台では警戒感は乏しい。財政赤字の削減疲れが出ているうえに、中間選挙を控えた歳出増の圧力も働きやすい。共和党が好む国防費の増額に民主党の協力を得るためにそれ以外の歳出も増やす羽目になる。

財政の大盤振る舞いを続けながら、金融の蛇口を緩めたままでは、将来のインフレ圧力を高めてしまう。ハト派とされるニューヨーク連銀のダドリー総裁まで、そんな警告をし始めた。少し前までは景気回復下の低インフレをうたっていた米国債市場で利回りが上昇し始めたことは、「債券自警団」が活動を始めたようにもみえる。

株式市場はバブル再びの夢に沸く

ならば、年明けの株式市場はどうだろうか。二〇一八年の年明けの米国株市場で、ハイテク株の多いナスダック総合指数は史上初めて七〇〇〇の大台に乗せた。ニューヨーク・ダウも二万五〇〇〇ドル台を突破した。日経平均株価は二万三〇〇〇円台に乗せた。

日本に限っても、どこかで見た感じが漂っている。日本株が本格的なバブル入りした一九八八年だ。当時の日本は八七年一〇月の米国発の世界同時株安(ブラックマンデー)を、世界で最も早く乗り切った高揚感が漂っていた。

バブルを膨張させた要素を整理してみよう。まずは八七年一〇月のブラックマンデーを乗り切った。次に八五年九月の日米欧の先進五ヵ国（G5）によるプラザ合意以降の円高に、ようやく歯止めがかかった。そして円高不況の懸念をものかは、日本は予想外の好景気を謳歌した。

世の中が落ち着きを取り戻したという安堵感が、八八年のユーフォリア（多幸症）を生んだ。それに比べれば年末に日経平均が三万八九一五円の史上最高値をつけた八九年は、上げ相場の慣性によるバブルの爛熟期といえよう。

経済政策の舵取りも八八年のバブルを後押しした。一つは八八年一月に大蔵省が打ち出した特定金銭信託とファンドトラスト（指定金外信託）への低価法（原価と時価で低い方を評価額とする方法）採用の一時停止。特金もファントラも財テク商品として企業が活用していたが、ブラックマンデーで含み損を抱えた。低価法の一時停止で株式市場は愁眉を開き、株価は急騰した。

もう一つは日銀の利上げの封印。三重野康日銀副総裁（後に総裁）は八七年末までに金融引き締めに転じようともくろんでいたが、ブラックマンデーでご破算となった。日銀が利上げに踏み切ったのは八九年五月だった。支配的だった円高恐怖症に加えて、八九年四月の消費税導入を前に日銀には政府から自制が求められた。

後にバブルを膨らませたと批判されるこれらの政策の背景には、円高シンドローム（症候群）と並んで自負心もあった。世界最大の経常黒字国である債権大国の日本は、金利を低水準に保ち世界にマネーを還流させるべきだ。八七年一一月まで首相を務めた中曽根康弘氏は八八年一月のダボス会議（世界経済フォーラム年次総会）で、自信満々に宣言した。世界の株式市場は不安定だが、日本はその歯止め役になる、と。

そうこうするうちに、八八年六月にリクルート事件が起き、政権を巻き込んだ。竹下登政権は急速に指導力を失ったものの、景気が好調だったこともあり、「政治は政治、経済は経済」といった慢心が市場に広がった。

この慢心は八九年一一月のベルリンの壁崩壊の後まで続いた。東西冷戦の下で軍事は米国に任せ、日本は経済に専念できた。そんな幸運な時代の終わりを告げたのが、九〇年一月以降のバブル崩壊だったように思える。

封じられた金融引き締めの末に

一九八八年当時とこの二〇一八年との間で、共通点は意外に多い。何よりも景気回復局面で金融緩和が継続している点だ。後にバブル景気と呼ばれる、一九八〇年代後半の景気拡大は八六年一一月に始まったが、当初は円高不況の影におびえていた。今回もアベノミクスがスタートした二〇一二年一二月から景気は回復しているが、「実感がない」というのが挨拶代わりになっている。

物価がなかなか上昇しないのは、当時も今も同じだが、今回は政府・日銀が二％のインフレ目標で合意している。消費者物価の上昇率は一七年一一月には前年比〇・九％まで回復したものの、二％の目標には程遠い。しかも一九八九年四月の消費税導入が日銀の利上げにとってハードルになったように、今回も二〇一九年一〇月に消費税の再増税を控え、本格的な金融引き締めは思いも寄らない。

海外との関係もよく似ている。一九八〇年代後半に日本の金融政策を拘束したのは、米国の経済情勢や対外赤字だった。円高・ドル安の懸念が日銀の利上げにとって足かせとなった。八七年に米国が、八八年には西ドイツが利上げに転じたが、日銀が利上げに踏み切ったのは八九年だった。その間に日本では不動産と株式のバブルは膨張した。

今回もFRBが保有資産の圧縮と利上げに動いたのに続き、ECBも保有資産の拡大停止と間を置かぬ利上げを模索している。対する日銀はといえば、保有資産の拡大ペースを徐々に落としているものの、利上げのタイミングをつかむのはとても難しい。というのも、米国や欧州が金融緩和から「イチ抜けた」というなかで、結果的に日本はグローバルなマネーの供給役になってしまいそうだからだ。何しろ米国のアキレス腱は長期金利なのだから。

日本が引き締め方向にカジを切るといった思惑から、米国債市場に混乱を起こすようなことは避けてほしい。年初の米国債利回りの上昇に当惑したFRBから日銀に、やんわりと苦情が伝えられたともいう。株価の動向を重視する安倍政権も、日銀の舵取りの行方を注視していよう。ましてや、二〇一八年四月に任期を終える黒田東彦総裁の再任問題が微妙な時期を迎えている。

ダンス部の女子高生たちの踊る「バブリー・ダンス」が人気を博するなかで、日本はバブルの時代を再演しようとしているのだろうか。●

数字が語る世界経済⑩

2018年も景気拡大局面続く 昨年のマイナス成長主要国はゼロ

ニッセイ基礎研究所主席研究員
伊藤さゆり

二〇一七年の世界経済は年初の予想を上回る勢いで拡大した。インフレ率は引き続き低めの水準に留まったが、景気拡大の裾野が広がり、世界経済が同時拡大の様相を呈した。

経済協力開発機構（OECD）は、一七年一一月の「世界経済見通し」で、分析対象の四五ヵ国のうち一七年にマイナス成長となった国はゼロと発表した。二〇〇七年以来のことだ。一七年は前年よりも成長ペースが加速した国が三〇ヵ国と、減速した国の一五ヵ国を大きく上回ったことも世界経済の好調ぶりを示す。

日本のほか、米国や英国、ドイツなどで働く意思と能力のある人のすべてが雇用される完全雇用となっている。「長期停滞」への不安が後退し、IT関連を中心とする世界的な需要拡大で、世界貿易の伸びが世界の実質GDPを下回る「スロートレード」も解消した。

一八年も世界経済の同時拡大は続くとの見方が支配的だ。OECDの予測では引き続きマイナス成長の国はゼロだ。

リスクは適温相場崩壊につながるインフレ

世界経済の同時拡大シナリオに死角はないのだろうか。

景気拡大局面がすでに九年目に入り、成熟化が指摘される米国はどうか。景気拡大の期間は、戦後平均のおよそ五年を大きく超えるが、成長のペースは過去の景気拡大局面に比べて緩やかで、それ故、息の長い成長が続いた面もある。

一八年はトランプ政権が決めた一〇年間でおよそ一・

五兆ドル（約一七〇兆円）の大規模減税の景気刺激効果が加わる。近い将来、景気が後退するリスクは低い。

欧州も、ドイツの政権樹立の協議が越年するなど政治的には視界不良が続くが、世界経済のブレーキとはならないだろう。業績の好調を背景に企業は設備投資、雇用への意欲を高めている。消費者のマインドも明るい。景気の回復は単一通貨圏内の格差による緊張を和らげている。

住宅バブルや近年急拡大した企業債務が気になる中国も景気対策の縮小や金融引き締めを受けた小幅な減速に留まるだろう。

可能性は低いが、警戒したいのは広く先進国に観察される「成長加速でも低インフレ」の「適温経済」の構図が崩れるリスクだ。一七年の世界の株式市場は、米国やドイツをはじめ多くの国で最高値を更新、日本もバブル崩壊後の最高値を更新するなど好調に沸いた。インフレ圧力が弱いため、ＦＲＢの利上げもＥＣＢや日銀の緩和縮小のペースも緩やかという期待が資産価格を支えた。しかし、インフレが予想よりも早いテンポで進んだ場合、利上げや緩和縮小のピッチを速めざるを得なくなる。「適温相場」の維持は困難になり、局所的に見られたバブルの崩壊が広がるおそれがある。

インフレ率は、加速には至らなくとも、需要不足の解消とともに上向く見通しだ。異次元緩和には副作用もあり、主要中銀が揃って大規模な金融緩和を継続することも難しい。一八年は金融政策頼みではない成長の基盤を整える年だ。●

図　世界45ヵ国の経済の動き

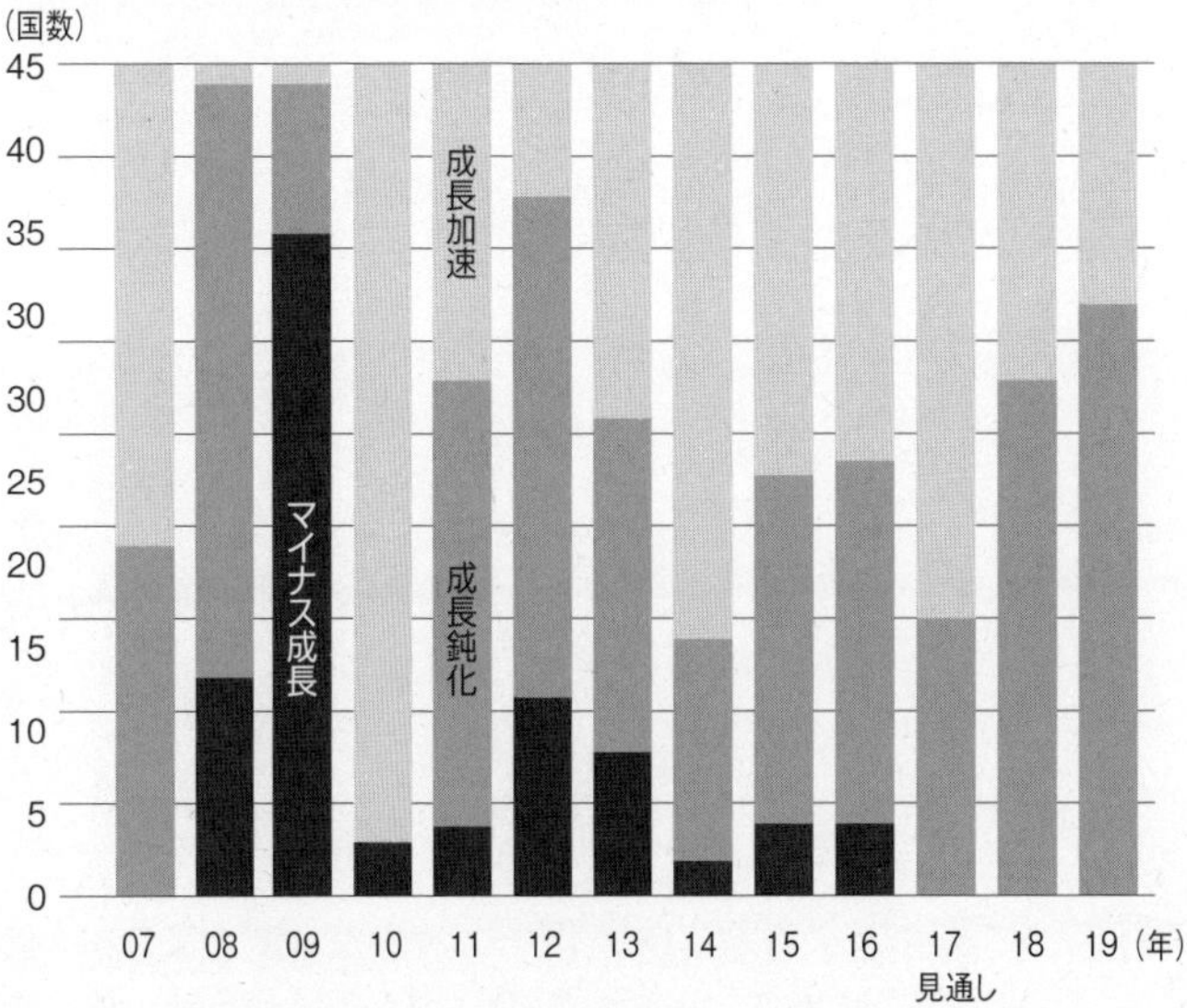

資料　OECD Economic Outlook, Volume 2017 Issue

ネパール総選挙
「安定と繁栄」への期待

京都大学教授　**藤倉達郎**

　ネパールでは一九九六年から二〇〇六年にかけて、マオイストと政府の間の武力紛争があり、その後、王制廃止や二度の制憲議会選挙を経て、一五年九月に新しい連邦共和国憲法が発布された。新憲法のもと、一七年の五月から九月にかけて、二〇年ぶりとなる地方自治体選挙が行われ、一一月から一二月にかけて、州と連邦議会の選挙が行われた。

　一九九〇年の民主化運動後の複数政党による議会制民主主義復活以降、ネパール会議派が主に政権を担ってきたが、絶対多数を握ることは少なく、不安定で短命な連立政権が続いてきた。しかし、二〇一七年の総選挙では、ネパール共産党（統一マルクス主義―レーニン主義：UML）とネパール共産党(毛沢東派中心：マオイスト)が「左派連合」として選挙協力を行い大勝した。UMLは一九九〇年以来、議会制民主主義を党是とする政党であり、武力革命路線のマオイストとは過去に激しく対立したが、今回はそのような経緯を乗り越えての連合であった。

　今回の選挙に関するネパール国外の報道には「親中国の左派連合が大勝、親インドのネパール会議派が大敗」というものが多い。中には、今回の選挙を中国とインドの「代理戦争」と呼ぶものもある。しかし、そのような枠組みでは、ネパールの有権者がどのような気持ちで投票を行ったのかを理解することはとうていできない。ネパールの政党は中国の傀儡でもインドの傀儡でもない。武力紛争時に、マオイストは中国と無関係に勢力を拡大しつつ、中国政府を激しく批判し、一方の中国は王政を支持して軍事援助を行っていたことも記憶されるべきであろう。

　しかし、その上で今回の選挙結果と外交との関わりについて述べるべきこともある。新憲法制定時、ネパール南部のインド系住民の希望に反した憲法の内容にインドは強く反発し、憲法発布を阻止しようとした。その後憲法が発布されると、インドは「ネパール国境地域での治安の悪化」を理由に、半年間の事実上の経済封鎖を行ったのである。二〇一五年四月の大震災からの復興の努力をしていたネパールで、燃料をはじめとするさまざまな物資が不足した。憲法発布後に首相となったUMLのオリ氏はインド政府を激しく批判してナショナリスティックな感情を煽る一方、中国と燃料輸入についての条約を締結し「強いリーダー」という印象を多くの国民に与えた。左派連合の選挙スローガンは「安定と繁栄」であった。UMLとマオイストの支持基盤を単純に足してみれば、左派連合が小選挙区で圧勝するのは明らかであった。安定政権のもとでの経済成長のヴィジョンを示した左派連合に対して、会議派は有効な反撃ができなかった。

　一八世紀半ばにネパールを統一したプリティヴィ・ナラヤン・シャハ国王は、自らの国を「二つの巨石（中国とインド）に挟まれたヤムイモ」と表現したという。左派連合が一時的に親中国のスタンスをとったとしても、ネパールの政権はこれからも二つの巨石とのバランスを重視した外交政策をとっていくであろう。一方、インド国内では今回の選挙結果を受けて、インド政府に反省を促す意見も強く出ている。

　ネパールは一四年から一五年にかけて七％を超えるGDP成長率を記録した。二〇世紀後半以降、紛争や災害を乗り越えつつ、民主化は進展し、人的資源も成熟している。安定さえあれば、繁栄はすぐ先にある、という多くの国民の感覚をこの選挙結果は反映していると考える。●

UML（太陽）とマオイスト（鎌と槌）の選挙シンボルの旗がはためくカトマンドゥ。2017年11月26日、筆者撮影

イラン反政府デモの深層

ジェトロ・アジア経済研究所
新領域研究センター 上席主任調査研究員 **鈴木 均**

暮れの一二月二八日にマシュハドで突如始まり、その後テヘラン・エスファハーンをはじめとする全国数十ヵ所の都市部で同時的に拡散したイランの「反政府デモ」は、その後一週間ほど継続し、各地で官憲との衝突による二三人の死者と、多数の拘束者を出して急速に収束した。その後拘束中の若者二人が自殺して政府の対応への批判は高まっているが、このデモ自体が今後イラン内政に対してもつ影響については、極小に抑えられるものと思われる。

今回のデモに関しては二〇〇九年の「グリーン・ムーヴメント」と呼ばれる民主化要求闘争が容易に想起される。だが、あの時とは異なり、今回の騒動には指導者がいた形跡は明確でなかった。むしろきっかけとなったのは、「ニューウェーブ保守派」の牙城とされるマシュハドでの政治集会であった(同派は昨年六月の大統領選挙で立候補したエブラーヒーム・ライースィーらに代表される新世代の革命体制支持派のこと)。その後アフマディネジャード前大統領の関与があったことを示唆する報道もある。またイラン各地でのデモの参加者の中心が〇九年当時よりもさらに若い世代の二〇代前半の世代であったとされるなど、デモの背景に関しては、現時点でタイミングの問題を含め、不可解な点があまりにも多いのである。

〇九年の民主化闘争に関しては、アフマディネジャード大統領の再選時の選挙結果不正疑惑が明確なきっかけとなり、最大時には数百万の市民がテヘランの目抜き通りを埋め尽くして一九七九年のホメイニー革命以来最大の抗議運動となった。その先頭に立ったキャッルービー元国会議長やムーサヴィー元外相は現在でも自宅軟禁状態に置かれており、イラン内政に現在まで影響を残している。

当時デモの拡散にあずかって大きな役割を果たしたのが、イラン国内で若者を中心に広く使われていたフェイスブックやツイッターであった。だが今回の抗議運動は、革命防衛隊の精鋭コドゥス部隊の導入を含む当局側のきわめて苛烈な弾圧を招き、フェイスブックとツイッターは規制されて、イラン国内での使用が事実上できなくなっている。

これに代わるSNSとして急速に普及したのが、ロシア人起業家の開発になる「テレグラム」である。これはLINEに似た機能やニュース配信機能をもち、都市部・農村部を問わずイラン人のほとんどが使用しているとされる。今回のデモがテヘランを含む各都市では散発レベルのものであったにもかかわらず全国で同時的に発生したのは、このテレグラムによる情報の拡散が大きな役割を果たしたものと考えられる。

ロウハーニー政権は〇九年の経験を踏まえて現在まできわめて冷静な対応に終始しており、一月一四日には経済活動への影響を鑑みてテレグラムの規制の解除を発表した。ともあれデモの当初は深刻な物価高や就職難などの経済的な不満や要求が多く叫ばれており、一六年一月の核合意後も一向に改善しない日常生活への不満はイラン国内に広く鬱積していることが明白となった。その主要な原因を作ってきた米国のトランプ政権が今回のデモ騒動の過程でデモ参加者への支持を表明したが、これが国連の場でほとんどの国から支持を得られなかったのも当然であろう。●

今回のデモ騒動で海外メディアにより繰り返し使われたこの写真は、12月30日にテヘラン大学前でヘジャーブを外して拳を上げる女性を撮ったものとされ、2009年のグリーン・ムーヴメントを想起させる（AP／アフロ）

日韓慰安婦合意・文大統領の「矛盾」と「成算」

――「合意検証報告」と「大統領声明」を検証する

「合意検証報告」の発表で韓国世論は沸騰した。文大統領の「声明」、年明けの「政府方針」で日韓関係は進むも退くも難しくなった。浮かび上がるのは文大統領の場当たり的な対応だが、高支持率を背景に余裕も見える。今後の展開は。

読売新聞ソウル支局長
中島健太郎
なかじま けんたろう　一九七四年生まれ。九七年、上智大外国語学部フランス語学科卒。読売新聞社入社。二〇〇四年から政治部で首相官邸、自民党などを担当。一一～一三年ワシントン特派員。外務省、首相官邸キャップなどを経て一六年二月から現職。

「合意が両国間の公式合意だったという事実は否定できない。この点を勘案し、韓国政府は合意に関連し、日本政府に対して再交渉を要求しない。ただ、日本が自ら国際的、普遍的な基準に基づいて、真実をありのまま認め、被害者の名誉と尊厳の回復、心の傷の治療のための努力を続けてくれることを期待する。被害者が望んでいるのは、自発的な真の謝罪だ」

韓国の康京和（カン・ギョンファ）外相は今年一月九日、外交省で記者団を前に、二〇一五年末の慰安婦問題をめぐる日韓両政府の合意についての「対応方針」を発表した。昨年五月に発足した左派の文在寅（ムン・ジェイン）政権は、外交省に七月に設置した民間専門家らによる作業部会で合意の「検証」を行い、対応発表を先延ばししてきた。作業部会が「報告書」の結果を昨年一二月二七日に発表したことを受け、政権発足後七ヵ月を経てようやく方針を明らかにした。

韓国政府の対応方針は、合意の「再交渉」はしないと明言してはいるが、日本の「自発的な謝罪」への期待を表明した。日本政府が合意に基づいて拠出した一〇億円で設立し、元慰安婦を支援する「和解・癒やし財団」の資金を韓国政府予算で「充当」し、処理方法を日本政府と協議するとし、合意の根幹部分の「日本政府の予算による元慰安婦の支援」を否定した。日本政府は事実上、合意の「追加措置」を求めたものと捉えた。

河野太郎外相は、韓国政府の対応方針表明後、記者団に「日韓合意は国と国との約束であり、たとえ政権が変わったからといっても、責任を持って実施されなければならないというのが、国際的かつ普遍的な原則だ。韓国側が日本側にさらなる措置を求めるようなことは、全く受け入れることはできない」と強く反発した。

韓国政府が合意の「破棄」や「再交渉」を表明した場合に備え、日本政府は駐韓大使の一時帰国などの措置も検討していた。一五年一二月の合意成立から二年。韓国側が再交渉を求めないと明言したことで「最悪の事態」は避けられたが、日韓関係は再び慰安婦問題をめぐる対立が再燃する気配が強まっている。

場当たりだった「対応方針」発表まで

〈韓国側が満を持して、日本に合意の「追加措置」を要求してきた〉――。今回の政府方針に関して日本の大方の受け止めは、このようなものではないか。昨年五月の大統領選で文大統領は合意の「再交渉」を公約に掲げ、その後も「韓国国民の大多数が合意を感情的に受け入れていない」と繰り返し述べてきた。だが、実際に政府方針の発表までの動きを見てみると、昨年一二月二七日の作業部会による報告書の発表以降、場当たり的に対応してきたのが実態に近い。韓国政府が今後、日本に何を求めようとしているのかについて、方針は明確にはなっていない。

康外相は政府方針の発表で、韓国政府の予算による財団資金一〇億円の「充当」が日本政府への一〇億円返還を意味するのかどうか触れなかった。一〇億円を日本政府に返還しようとしているわけでないことは、文在寅大統領が、政府方針発表の翌日に開かれた新年記者会見で示唆した。文氏は韓国メディア記者の質問にこう答えた。

「まずはハルモニ（おばあさん＝元慰安婦）たちの傷を癒すことができる措置が必要だ。合意によって、日本が拠出したお金で治癒の措置が行われているという事実をハルモニたちは、受け入れることができない。韓国政府は、治癒の措置を韓国政府のお金で行う。すでにお金を受け取ったハルモニたちは堂々とし、受け取っていないハルモニたちも堂々とお金をもらうことができる」

文氏の発言は、日本が拠出した一〇億円で設立した「和解・癒やし財団」が支給している現金を受け取っていない元慰安婦に対し、韓国政府が何らかの支援を行う可能性を示したものだ。財団は合意時点で生存していた元慰安婦に一人あたり一億ウォン（約一〇六〇万円）の現金を支給している。昨年一二月現在で対象となる四七人の七割以上にあたる三四人が現金を受け取り、二人が現金を受け取る意志を示している。

現金を受け取っていないのは、ソウルの日本大使館前に慰安婦を象徴する少女像を設置した「韓国挺身隊問題対策協議会（挺対協）」、「ナヌムの家」といった元慰安婦を支援する市民団体の支援を受けている人たちがほとんどだ。挺対協は日韓合意に強硬に反対し、財団の即時解散を訴えている。韓国メディアで合意への反対意見を述べる元慰安婦は、ほとんどがこの二つの市民団体の支援を受けており、結果的に合意に反対の意見ばかりが紹介されている。

新年記者会見で文氏は、日本政府が拠出した一〇億円の使途について、「日本、ハルモニたち、市民団体と協議する必要がある。そのお金を慰安婦問題を解決することができる良い目的のために使うことができ、日本、ハルモニ、市民団体が同意すれば、望ましい」と語った。だが、挺対協は韓国政府が合意を破棄せず、財団を解散しないことを激しく批判している。合意の根幹を覆す協議に日本が応じるはずもなく、文氏の提案は宙に浮く可能性が高い。

外相会談議事録公開で煽られた韓国世論

文政権が、日本政府にも、合意に反対する元慰安婦にも受け入れられない政府方針を発表せざるを得なくなったのは、「外交の現実」と「自らが煽った国内世論」の板挟みにあったためだ。文政権は国と国との約束である合意の破棄や再交渉を求めれば、韓国政府への国際的な信用が低下するという外交の現実に直面する一方、これまで繰り返し表明してきた「被害者の立場に立った問題の解決」と折り合いをつけることを迫られた。

まず想定外だったのは、昨年一二月二七日に発表された外交省作業部会の報告書の内容が、韓国国内できわめて否定的に捉えられたことだろう。報告書は、合意発表直前の日韓外相会談の議事録を日本の同意なしに一方的に公開した。岸田文雄外相が「挺対協などの各種の団体が不満を表明した場合でも韓国政府としてこれに同調せず、説得してほしい」と求めたのに対し、韓国の尹炳世（ユン・ビョンセ）外相が「関連団体の異議がある場合は説得に努力する」と答えたやりとりなどが「非公開の合意」に当たると決めつけた。

「非公開の合意」の存在に加え、合意が大統領府の李丙琪（イ・ビョンギ）秘書室長と谷内正太郎・国家安全保障局長の「秘密交渉」で行われたとされた部分については、合意の「維持」を主張してきた保守系のメディアでさえ否定的に受け止めた。中央日報は一面で「慰安婦合意時、非公開の六条項が存在した」との見出しで報道した。「非公開合意＝裏合意」という見方が改めて韓国国内で広がった。

報告書発表後、韓国政府は急遽元慰安婦との接触を図った。1月4日、ソウルの韓国大統領府を訪れた元慰安婦の李容洙さんと手をつなぐ文在寅大統領（韓国大統領府／時事）

　文大統領は翌一二月二八日午前、作業部会の報告書発表を受けた「声明」を突然発表した。声明は「韓日両政府間の慰安婦交渉は手続的にも内容的にも、重大な欠陥があったことが確認された。非公開合意の存在が国民に大きな失望をもたらした」とした上で、「両国首脳の承認を経た政府間の公式な約束だという重みはあるものの、私は大統領として、この合意で慰安婦問題が解決されることはないという点を改めてはっきりと明らかにする」と踏み込み、政府方針の決定に向けて元慰安婦の意見を聞くと表明した。

韓国政府関係者によると、大統領声明の発表は当初予定されていなかったが、報告書に盛り込まれた「非公開合意」への批判が国内で高まったことを受け、側近が何らかの見解を示すべきだと進言し、外交省との調整が行われないまま、急きょ発表された。大統領府高官は声明を「破棄を意味したものではない」と釈明したが、多くのメディアは「事実上、合意を白紙化するものだ」（朝鮮日報）ととらえた。

板挟みになった文大統領

韓国政府内では当初、日韓関係に与える影響の大きさを考慮し、二月の平昌五輪終了後に日韓合意への「対応方針」を発表することも検討していた。だが、一月一〇日に新年記者会見が設定されたため、これより前に「政府方針」を発表する必要に迫られた。文大統領は昨年八月一七日の就任一〇〇日の記者会見で、日韓合意への対応について、「検証作業が終わった時に外交省が方針を決める」と答えていた。新年記者会見で政府方針に触れないわけにはいかず、その前日に康外相が政府方針を発表することが急遽決まった。

報告書発表から政府方針発表までの約二週間。韓国政府はあわてて元慰安婦や関連団体との接触を始めた。文大統領は一月四日、元慰安婦八人と挺対協の尹美香（ユン・ミヒャン）共同代表、ナヌムの家の安信権（アン・シンゴン）所長らを大統領府での昼食会に招待した。移動には警察車両と救急車を同行させ、「国賓級」の厚遇で迎えた。文大統領はこの場で、「国が道理を果たそうとする努力を見てほしい。ハルモニたちの思いに反する合意を交わしたことについて、大統領として謝罪の言葉を申し上げる」と述べた。

昼食会で文大統領が謝罪にまで踏み込んだことで、元慰安婦や市民団体の期待は高まり、日本に厳しい対応をとらざるを得なくなったとみられる。一方で注目すべきなのは、文大統領が元慰安婦に対し、「過去の合意が両国間の公式の合意だったという事実は否定できない」と述べ、合意の維持を示唆したことだ。同じ時期、康外相も元慰安婦二〇人以上から意見を聴取した。財団から現金を受け取った元慰安婦からは「不十分な合意だが、この線に沿って対応してほしい」という意見も出た。

すでに財団からの現金を受け取った元慰安婦は、七割以上に達している。韓国政府は、財団解散や日本への一〇億円返還を打ち出せば、こうした元慰安婦たちの「名誉と尊厳」を損なうことになるという矛盾も抱えることになった。すべての元慰安婦が納得する方針はあるはずもなく、調整期間も二週間に限られた。対応方針は、政府内で十分な調整もされていない折衷案にならざるを得なかった。一連の流れから、こう推測できる。

日本の反応を読み違えたか

文大統領は昨年五月の就任後、早い時期に合意の「再交渉」を求めない方針を固めた可能性が高い。朴槿恵（パク・クネ）政権の閣僚を引き継いで就任した文大統領は、合意の当事者の尹外相に「私が納得いくまで説明してほしい」とブリーフィングを求めたという。大統領府幹部に近い関係者は、文大統領はこの段階で日韓合意の「破棄」や「再交渉」が困難だと悟ったとみている。日本政府支出の一〇億円の韓国予算での「充当」案が政府方針に盛り込まれた経緯は不明だが、文政権は日本に「再交渉」を求めなければ、日本からの大きな反発はないと考えていたと思われる。むしろ、日本の反発に戸惑っているのが実情に近い。

康外相は一月一六日にカナダ・バンクーバーで行われた河野外相との会談後、聯合ニュースのインタビューで、「日本政府との間で何か交渉することはない」と述べた。一〇億円の扱いをめぐって日本政府が協議に応じる可能性がない以上、韓国政府が今後、追加措置を執拗に要求してくる可能性は低いとみられる。文大統領の支持率は就任から八ヵ月を過ぎても七〇％台を維持し、「反日」を利用したポピュリズムに走る必要はない。合意の「再交渉」を求めないことに反対論が噴出しているわけでもない。

もちろん、今後、韓国政府が態度を豹変させる可能性は否定できない。日本植民地時代に動員された「徴用工」問題をめぐり、労働組合や市民団体はソウルの日本大使館前、釜山の日本総領事館前に「労働者像」を設置する動きを見せている。二〇一六年末に釜山の総領事館前に少女像が設置された経緯を考えれば、事態が急変するおそれはある。こうした可能性も考慮し、日韓両政府に求められるのは、事態を冷静にマネージする努力だろう。日本政府は韓国側の動きを見極め、冷静に対応する必要がある。韓国側の合意を空文化する動きに対抗措置をとるのは当然だが、そうでなければ、日本側が不用意な発言などで、韓国世論をむやみに刺激するのは得策ではないだろう。●

ミャンマー民主化の真価を問う ロヒンギャ問題

国際社会の非難高まる「ロヒンギャ問題」。台頭するミャンマー国内のナショナリズムや中国や日米のアジア戦略の重なり、スー・チー氏への対応など難題が絡み合う中、解決への方向性を導き出すことが急務だ。

NHK国際放送局チーフ・プロデューサー
NHK解説委員
道傳愛子
どうでん　あいこ　上智大学卒。NHK入局後、アナウンサーを経験し、米コロンビア大学院で国際政治修士号取得。『おはよう日本』『ニュース9』キャスターを務めた。二〇〇〇年バンコク特派員、「海外ネットワーク」などを経て、〇七年から解説委員。訳書に『マララ　教育のために立ち上がり、世界を変えた少女』など。

ミャンマー問題は〝boutique issue〟と言われていた。一九九〇年代、民主化運動の指導者アウン・サン・スー・チー氏が軍事政権によって軟禁されていた頃のことだ。外国メディアの立ち入りは厳しく制限され、要人の往来も少ないミャンマーを、特定の客層を相手にするブティックになぞらえ、つまり多くの国にとっては外交の再優先課題ではない、という意味だった。スー・チー氏が率いる政党、国民民主連盟（NLD）政権が誕生してまもなく二年。国際社会が民主化の進展を期待したミャンマーで、今、西部ラカイン州のイスラム教徒ロヒンギャが迫害を受け、六〇万を超える人たちが難民として隣国バングラデシュに逃れ、深刻な人道問題となっている。ミャンマー問題は、もはやboutique issueでは済まされない段階を迎えている。

対応に戸惑う国際社会

アメリカ国務省は、ラカイン州で起きていることは「民族浄化」にあたると断定。国連では迫害を非難する決議が採択された。欧米各国は、人権や民主化のために闘ってきたスー・チー氏に崇拝に近い眼差しを注いでいただけに、彼女が声を上げようとはしないことへの落胆も大きい。「台座から下りた聖人」「ノーベル平和賞を返上せよ」という声が上がるほどに批判は高まっている。しかしスー・チー氏を非難することのみに解があるとは思われない。

国際社会が非難を強める間に中国は、アジアから欧州、中東、アフリカへと伸びる経済圏構想「一帯一路」を掲げてミャンマーとの間合いを詰めている。中国内陸部とミャンマーのインド洋沿いの港をつなぐ原油パイプラインの稼働も始まっている。アメリカは、人権問題を理由に限定的な制裁を決めているが、ミャンマーを孤立させ、これまでも後ろ楯となってきた中国の方へ一層追いやってしまうことも警戒している。ミャンマーは、日本やアメリカが掲げる「インド太平洋戦略」と中国の「一帯一路」構想が重なり、地政学的にも戦略的な要衝にあたるからだ。一一月、トランプ大統領のアジア歴訪の最終盤で、ティラソン国務長官は滞在時間わずか四時間あまりというかけ足でミャンマーを訪問し、民主化を引き続き支援するというメッセージを政権に伝えている。

東南アジア諸国連合（ASEAN）の対応も問われている。ロヒンギャの人たちへの迫害が伝えられると、インドネシア、マレーシアなどイスラム教徒が多数を占める加盟国で大規模なデモが発生した。一一月に急逝した元ASEAN事務総長のスリン・ピッスワン氏は、ASEANが設立五〇年を迎えてもなお、内政不干渉を理由に行動を起こさなければ、その存在意義に関わると警告した。二〇〇八年、ミャンマーで死者・行方不明者一三万人にのぼったサイクロン・ナルギスの被災者支援のために軍事政権を説得し、未曾有の人道危機に対してASEANと国連、ミャンマー政府の三者が協力する枠組みを作った実績を示し、今こそ地域や国際社会の協力を得て解を探るべきだと、水面下で国連やASEANに対して働きかけを行っていた。

経済成長を続けるASEAN各国では依然、格差も残る。発展の影で、富の分配が公平に行われない社会への不満は、活断層のように域内を走り、ロヒンギャ問題によって刺激されるリスクがあるからだ。ロヒンギャ問題は地域限定、期間限定の boutique issue ではないことがわかる。

懸念される社会の分断と世論の過激化

ロヒンギャ問題の国内問題としての複雑さは、国家顧問のスー・チー氏の要請で組織された、コフィ・アナン元国連事務総長の諮問委員会の報告書にも表れている。報告書

バングラデシュに設けられた難民キャンプで食料の配給を待つロヒンギャの子どもたち（AFP ＝時事）

では「ロヒンギャ」という言葉が使われていない。「ラカイン州のイスラム教徒」とあり、『本報告書ではスー・チー国家顧問の要請を受け、「ロヒンギャ」「ベンガリ」という用語を使用しない』と注釈が加えられている。

ミャンマーでは、多くの人が、ロヒンギャの人たちをバングラデシュからの「不法移民」ととらえて「ベンガリ」と呼び、「民族」として認めないという受け止めがある。軍事政権下の一九八二年に制定された法律で、ラカイン州の多くのイスラム教徒が無国籍となり、移動の自由、学校や病院へのアクセスも制限された。二〇一五年の総選挙で選挙権も被選挙権も認められなかったことは、ロヒンギャの人たちにとっては、民主化に向かって歩み始めたはずのミャンマーで、存在そのものが否定され続ける人権問題といえるだろう。

軍事政権下のミャンマーでは、「ビルマ人仏教徒の国である」ことが国をまとめるよりどころとされ、社会にとって異質なものを排除する空気が醸成された。さらに、民主化の進展で言論統制が緩和されると、今度はソーシャルメディアなどでヘイトスピーチや反イスラムのキャンペーンが勢いを得て、急進的な「ビルマ・ナショナリズム」を助長するような過激な発言が飛び交う。そうした中で、スー・

チー氏は、その対応によっては、国際社会から支持されても、多くの国民の気持ちを遠ざけるジレンマを抱えている。国内でスー・チー氏の立場が弱くなれば、民主化の進展にも影響を与えかねない。それをひそかに望む勢力があることにも注意する必要がある。

社会を底上げする多角的支援を

では、解決の糸口はどこにあるのか。短期的には、難民への緊急支援、さらにミャンマー政府が日本はじめ国際社会の要請にも耳を傾け、ロヒンギャの人たちへの人権侵害という指摘に対する責任ある調査を行い、結果を公表し、適切な措置をとることがまず求められる。一月中旬、ミャンマーを訪問した河野外相はスー・チー国家顧問や国軍司令官と個別に会談し、透明性のある調査の実施を働きかけるとともに、難民の帰還、再定住に特化した緊急支援を行うことを伝えた。ミャンマー政府が二月初旬には始めると約束している難民の帰還は安全に行われるのか、迫害が繰り返されることはないのか、地域の融和が進むのかも焦点となる。

中長期的には、アナン氏の諮問委員会の勧告にあるように、国籍を持たないロヒンギャの人たちの市民権など、根本的な問題に向き合うことは、もう先延ばしにできない。偏見の払拭には時間がかかる。しかし国民が排他的な感情を乗り越えられるかどうかは、ミャンマーの今後の安定と発展をも左右する。そのためには、迂遠なようだが、社会の底上げにつながる支援も欠かせない。格差を解消し、偏見や差別の根を絶やすための努力なしには、民主化は定着しないからだ。昨年一二月に来日したティン・チョー大統領がNHKの単独インタビューで語ったのも、難民への緊急支援に加え、道路、電力、学校など、日本政府が表明した格差の解消につながる支援への期待だった。問題の解決のためには、ミャンマーの中でも格差が残り開発が遅れるラカイン州全体の底上げが必要という認識からだ。

二〇一五年の総選挙でスー・チー氏率いるNLDは圧勝し、国民は歓喜した。スー・チー氏は、ミャンマーの民主化運動は、国民により大きな幸福と調和と平和をもたらすものであってほしいと語ったことがある。今日のミャンマーに「幸福と調和と平和」はあるのか。民主化は道半ばと言える。ロヒンギャ問題には、今日の国際情勢、ミャンマー国内の課題が映し出されている。ミャンマーの民主化は一本道には進まない。だからこそ、国際社会は支援し続ける必要がある。●

膠着するイスラエル・パレスチナ和平交渉

——過去の交渉経緯を読み解き、未来を見通す

「エルサレムはイスラエルの首都」。
トランプ大統領の宣言で袋小路に入ったかに見える
イスラエル・パレスチナ和平交渉。
過去からトランプ政権下の
現在に至る交渉経緯を確認しよう。

防衛大学校准教授
江﨑智絵
えざき　ちえ　筑波大学大学院国際政治経済学研究科単位取得満期退学。博士（国際政治経済学）。専門は中東現代政治。在ヨルダン日本大使館専門調査員、中東調査会研究員を経て二〇一二年より現職。著書に『イスラエル・パレスチナ和平交渉の政治過程　オスロ・プロセスの挫折と展開』など。

イスラエル・パレスチナ和平交渉の起源は、一九九〇年一〇月末に米ソ両国が共同議長となり開かれた、マドリードでの中東和平国際会議に遡ることができる。ただしパレスチナ側は、イスラエルの占領下にあったヨルダン川西岸地区およびガザ地区の住民がヨルダンとの合同代表団という形で参加できたに過ぎなかった。占領地の外で活動し、七四年以降は「全パレスチナ人の唯一かつ正統な代表」として国連のオブザーバー資格も有していた「パレスチナ解放機構（以下ＰＬＯ）」は、蚊帳の外に置かれていた。イスラエルが、その参加をかたくなに拒んだからである。イスラエルを出席させたかった米国もその条件を受け入れざるを得なかった。しかし皮肉なことに、九二年五月に発足したイスラエルの新政権がＰＬＯとの直接交渉の重要性に気づいたのは、こうしたパレスチナ人の参加形態が交渉の進展を阻害していたからである。パレスチナ代表団には、最終的な決定権限がなかったのだ。

こうして九三年一月、イスラエルとＰＬＯとの和平交渉が、どちらとも友好関係にあったノルウェーの仲介のもとで秘密裡に開始された。両者による集中的な協議を経て、同九月には米国のホワイトハウスで、ラビン・イスラエル

首相とアラファートPLO議長が初の和平合意「パレスチナ暫定自治に関する諸原則の宣言（以下オスロ合意）」に署名した。ノルウェーが仲介したにもかかわらず署名式の舞台が米国となったのは、当事者らが米国の関与を重視していたからである。最終的に米国が保証者となったことで、オスロ合意はマドリード中東和平国際会議の一応の成果とみなされるようになった。

パレスチナ暫定自治の開始

オスロ合意は、イスラエルとPLOとの和平交渉の目的をパレスチナ暫定自治政府（以下自治政府）の樹立としている。自治政府は、西岸・ガザ地区からのイスラエル軍の段階的な撤退にともない暫定自治に必要な権限を移管されるとともに、大統領および議会選挙を行うことになっていた。暫定自治期間は五年間とされていた。

こうした考えの源流は、一九七八年にイスラエルとエジプトが締結した「キャンプデービッド合意」にある。ただしオスロ合意には、西岸のエリコおよびガザでの先行自治という新たな規定が加わっていた。当初の予定から半年遅れではあったが、九四年五月、イスラエルとPLOの新たな和平合意により自治政府が発足するとともに、エリコおよびガザからイスラエル軍が撤退し、パレスチナ人による自治が開始された。同年七月にはアラファートPLO議長がガザに帰還した。

その後もイスラエルとPLOは、オスロ合意の締結に続く一連の交渉過程（以下オスロ・プロセス）で、パレスチナ暫定自治が満了する一九九九年末までに五つの合意・協定を締結した。それらを踏まえ、自治政府の権限と統治領域は拡大していった。九六年一月には自治政府の大統領と立法評議会の選挙が行われ、アラファートPLO議長が大統領に当選するとともに、八〇名の議員が選出された。

しかし、オスロ・プロセスの道のりは平坦だったわけではない。九七年以降に誕生した合意・協定は、イスラエルが履行せずにいた合意内容を再交渉した結果として締結されたものがほとんどだったからだ。それらも完全には履行されなかった。イスラエルで和平推進派とみなされてきた左派政権でさえ、合意通りの領土の返還がパレスチナ側からさらなる譲歩を強いられることにつながるのではと疑っていた。そのため、九九年末の時点で自治政府が何らかの権限を有していた西岸の領域は、全体の半分にも満たなかった。

そのうえ暫定自治が五年の期限を迎えた時点で、パレス

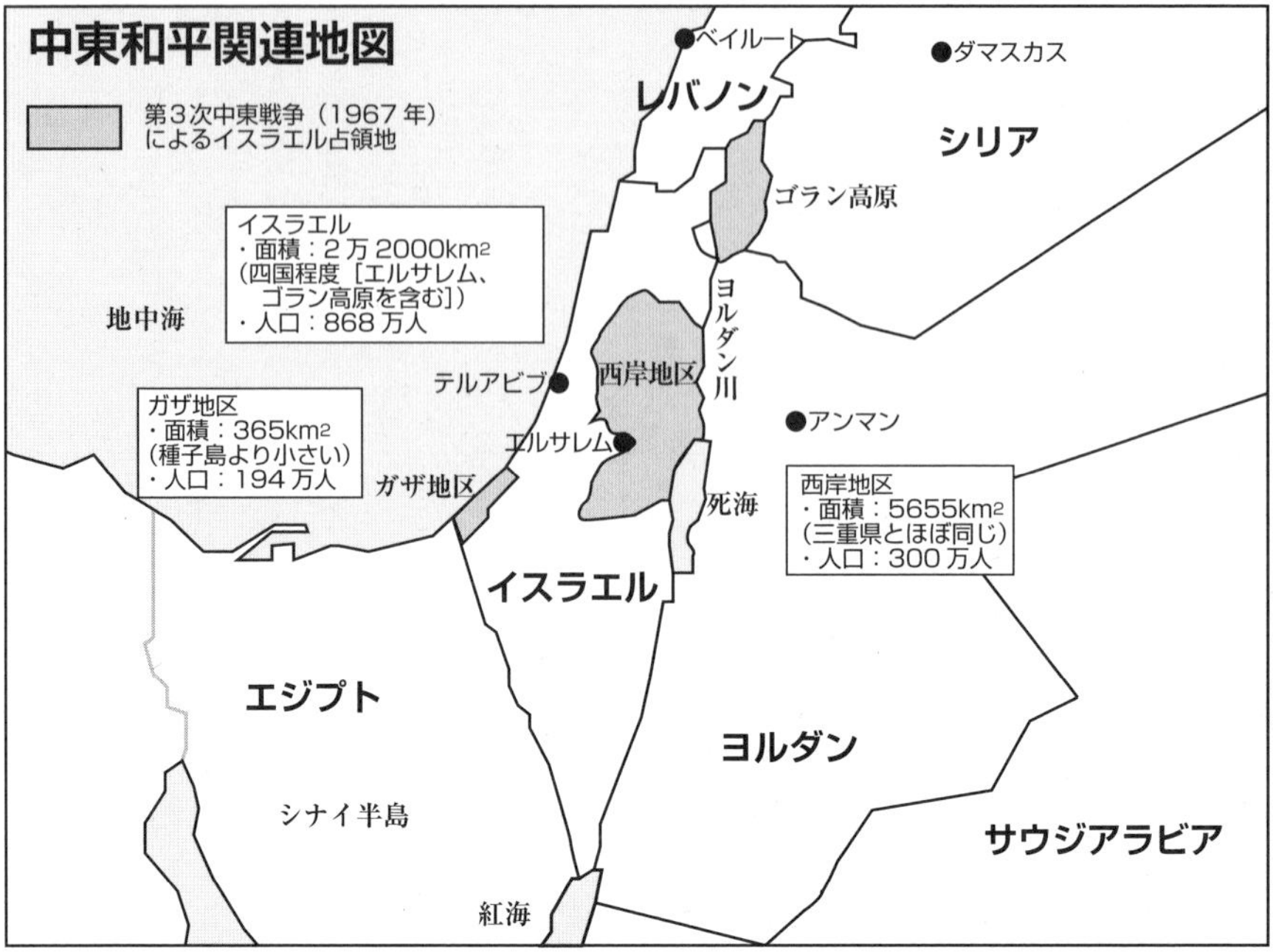

チナ人の最終的な地位は白紙の状態だった。オスロ合意によれば、それを決めるための「最終的地位交渉」は暫定自治の開始から二年が経過した段階で始まることになっていた。一九九六年六月、イスラエルとPLOは、最終的地位交渉として二日間の交渉を行ったが、これは和平交渉の進展を印象づけるためのパフォーマンスに過ぎなかった。しかもこのとき、オスロ・プロセスには暗雲が立ち込めていた。九五年一一月にオスロ合意の立役者の一人、イスラエルのラビン首相がオスロ・プロセスに反対するユダヤ人によって暗殺されたからである。根強い和平反対派は、イスラエル国内のみならず自治区内にも存在した。

最終的地位交渉の実施と二国家構想

それでも二〇〇〇年七月には米国の仲介により、初の本格的な最終的地位交渉が実施された。トランプ米大統領が一七年一二月六日にイスラエルの首都と認めたエルサレムは、最終的地位問題と呼ばれる、その議題の一つである。

イスラエルとPLOは、ともにエルサレムを自国の首都と主張している。ただし、双方が首都とみなす範囲は異なる。イスラエルは、一九六七年六月に東エルサレムを占領すると、八〇年には東西エルサレムをイスラエルの不可分の首都とする基本法（憲法に代わるもの）を制定した。これに対してパレスチナは、東エルサレムをパレスチナ独立国家の首都と主張し続けている。エルサレム問題には、聖地の管理権も密接に絡んでいる。この他にもパレスチナ難民や境界線の問題などが最終的地位問題には含まれるが、当事者の立場・主張が大きく隔たっているために解決は困難だといわれている。オスロ合意が最終的地位交渉を先伸ばしにしたのは、そうでもしなければイスラエルとPLOとの和平合意が実現しなかったからにほかならない。

イスラエルは、この最終的地位交渉で初めてエルサレムの分割にまで踏み込んだとされている。しかし、聖地の管理権がイスラエルの手中に残されたままだったため、アラファートはその提案の受け入れを拒んだ。また、パレスチナ難民問題が手つかずであったこともあり、交渉は何ら成果を残さずに決裂した。その直後の二〇〇〇年九月には、当時のイスラエル野党党首によるイスラームの聖地訪問を契機としてパレスチナ人とイスラエル警官との衝突が発生し、オスロ・プロセスは〇一年一月の交渉を最後に停滞することになった。暴力の応酬は続き、一二月、イスラエルは、今後一切アラファートを交渉のパートナーとみなさないことを閣議決定し、オスロ・プロセスは完全に行き詰まった。オスロ合意の一つの柱であったイスラエルとPLOとの相互承認が破綻したからであった。

最終的地位交渉は、〇七年一一月に米国の仲介で実施されたアナポリス中東和平国際会議を経て再開された。この会議は、米国のブッシュ大統領の呼びかけにより開催された。この席でイスラエルのオルメルト首相と自治政府のアッバース大統領は、最終的地位交渉の再開に同意した。

そうして再開された交渉がそれまでの交渉と異なっていたのは、イスラエルに隣接するパレスチナ独立国家を樹立するという二国家構想を着地点として明確に想定していたことだった。実はオスロ・プロセスでは、両者の間に最終的な帰着点が共有されていなかった。パレスチナ側は一九八八年一二月にパレスチナ独立国家の樹立を宣言しており、二国家構想の実現を念頭に置いていた。しかしイスラエルは、暫定自治の実施が二国家構想を前提とすることには何ら合意していなかった。

実際の交渉は、首脳間と実務者チーム間の二つが並行して行われ、境界線、パレスチナ難民および治安措置について主に協議されたという。エルサレムについては協議を延期することが合意されていたようだ。

二〇〇八年九月半ばにオルメルトは、エルサレムの首相府でアッバースに地図を示しながら和平案を提示したという。イスラエルからは西岸の九三％近くと全ガザ地区（イスラエルは〇五年九月にガザ地区から完全撤退していた）がパレスチナ側に返還されることが提案された。イスラエルが併合を望んだ六・三％にはユダヤ人の西岸居住者の七五％が含まれるエルサレム近辺の入植地が含まれていた。その分の補てんとしてパレスチナ側には西岸・ガザに隣接し、西岸の五・八％に相当するイスラエル国内の領域が与えられることも示された。

しかしアッバースは、その地図の引き渡しをオルメルトが拒んだことや、エルサレムがイスラエルの主権下に置かれたままだったことなどから和平案を受け入れる気がなかった。最終的に交渉は、オルメルト首相が収賄容疑で辞任したために決裂した。〇八年一二月末にイスラエルによるガザ攻撃が開始されたことも災いした。

その後は米国のオバマ政権が仲介した間接交渉の実施を経て、二〇一〇年九月に直接交渉が再開された。しかし、パレスチナが交渉再開の条件としていたイスラエルによる入植活動の凍結が延長されず、交渉はわずか三週間で終了した。一三年七月末に始まった交渉も治安措置を優先したいイスラエルと境界線の画定を急ぐパレスチナとの間の溝が埋まらず、一四年四月末に決裂した。それ以降、オバマ政権下では、両者の間の和平交渉は実施されなかった。

トランプ政権の中東和平戦略

米国のトランプ政権は、イスラエル・パレスチナ和平交渉が二〇一〇年末からアラブ情勢を不安定化させた政治変動やシリア内戦の後景に退いていた中で発足した。トランプ大統領は、選挙活動中からイスラエル寄りの姿勢を明示していたが、大統領就任後は両者の合意が可能であるとの立場を重ねて表明し、双方に譲歩を求めた。このため長引く交渉停滞はその再開の見通しに暗い影を落としていたが、可能性はゼロではなかった。

一七年二月にワシントンでイスラエルのネタニヤフ首相と会談したトランプ大統領は、記者会見においてイスラエルに新たな入植住宅の建設を自粛するよう促した。一方、トランプは、当事者が合意したのであれば二国家でも一国家でも受け入れる用意があるとし、二国家構想の実現を解決策とすることには固執しないとの立場を表明した。五月にはアッバース大統領が訪米し、トランプ大統領と会談した。また同月末にはトランプがサウジアラビアとともにイスラエルを訪問し、中東和平に関与する姿勢を示し続けた。

一〇月末、トランプ政権で和平案の作成を担当しているとされるクシュナー上級顧問が、事前の公表なく政権発足後三度目となる、短期間のサウジ訪問を行った。同じく和平案作成チームのコアメンバーであるグリーンブラット外交交渉特別代表とパウエル国家安全保障大統領副補佐官が同行した。トランプ政権は、中東和平を進展させるうえでイスラエル・パレスチナ周辺のアラブ諸国指導者の関与を重視していることが徐々に明らかになってきた。米国はエジプトを重要なパートナーとして位置づけるとともに、そのエジプトを動かすうえでサウジアラビアがカギになると判断しているようだ。クシュナーはサウジアラビアのムハンマド・ビン・サルマーン皇太子と会談し、和平案について協議したとされている。

一一月初旬にはアッバース大統領が急きょサウジを訪問した。同大統領はカイロでエジプトのシーシー大統領と会談した足でサウジに向かったという。各種報道によれば、アッバース大統領のサウジ訪問は前日に決定されたようだ。アッバース大統領によるこの「謎めいた」サウジ訪問の内容を一二月五日付の米ニューヨーク・タイムズ紙が報じている。それによるとアッバース大統領は、中東和平についてムハンマド皇太子と会談した。そこで皇太子からはきわめてイスラエル寄りの和平案が提示された。その中身はこうだ。西岸にあるユダヤ人入植地のほとんどはそのまま残る。東エルサレムはパレスチナ独立国家の首都とはならず、パレスチナ難民およびその子孫が帰還することはできない。パレスチナ国家はこうした条件の下で誕生する。パレスチナ人にはとうてい受け入れられる内容ではない。これらは「ネタニヤフの和平案のコピー」とすらいえる。

トランプ政権はこうした内容が米国の和平案であることを否定し、サウジアラビア政府もこれらを支持してはいないとした。しかし一二月一九日頃、アッバースは再度サウジでムハンマド皇太子と会談し、上記和平案の受け入れを説得されたという。

「トランプ発言」の背景と中東和平への影響

トランプ大統領がエルサレムをイスラエルの首都と認め、米国大使館をテルアビブからエルサレムへ移転することを表明した動機としては、国内要因が大きく作用していよう。すなわち、トランプ大統領の中核的な支持基盤である白人のキリスト教福音派などへの配慮である。一方、トランプ政権の中東和平戦略からは、別の動機を読み取ることができよう。それは、サウジアラビアとイスラエルとの「新たな同盟」を背景とする外交的なものである。サウジアラビアをはじめ、米国が中東和平の戦略上重視しているアラブ諸国は、イランに対抗すべくイスラエルに急接近している。驚くべきことに、サウジアラビアのムハンマド皇太子がイスラエルを訪問したとすら報じられている。このためトランプ政権は、エルサレムをイスラエルの首都と認めてもサウジなどが強く反発することはないと読んだといえる。トランプの「エルサレム発言」後、サウジアラビアのジェッダに位置するシンクタンクの著名な研究者からは、エルサレムとユダヤ人とのつながりを認めるべきだとの発言がなされたという。これを「アラブ人のユダヤ化」と非難する向きがあるように、「トランプ発言」に対するアラブ諸国の足並みは揃っていない。

アッバース大統領は、二〇一七年一二月一三日にイスタンブールで開かれたイスラーム協力機構の緊急サミットに出席し、米国はイスラエルに偏りすぎているため、今後の政治プロセスでは米国の役割を一切認めない、との趣旨の発言をした。この直後に、一二月半ばに予定されていたペンス米副大統領のイスラエル訪問が延期された。パレスチナにとって米国は、イスラエルに唯一圧力をかけうる存在であり、それこそが存在意義だった。トランプ大統領がエルサレムをイスラエルの首都と認めたことで、米国は自ら和平交渉の仲介者としての役目を放棄したのに等しい。

パレスチナにとって米国に代わる好ましい仲介者は欧州連合（以下ＥＵ）だが、ＥＵ内部にはブレグジットをはじめ問題が山積している。現在のＥＵには中東和平に割く余力はない。また、高齢のアッバース大統領には後継者問題が現実味を帯びてきているが、それが誰であれ、現下ではイスラエルおよび米国に対する態度を硬化せざるを得ない。パレスチナ内部で弱腰と評価されれば、自らの政治生命を維持できなくなる恐れがあるからだ。さらにイスラエルのネタニヤフ政権には右派勢力からの突き上げがあり、和平交渉を実施する気はない。

このように、現在、中東和平を取り巻く環境はとても厳しい。しかし、今年一月一四日にアッバース大統領は、ＰＬＯの最高意思決定機関「パレスチナ民族評議会」の諮問機関である中央評議会の会合で、将来的な交渉が二国家構想を支持する国際社会の関与のもとで行われるべきだとの見解を示した。パレスチナは今後も国連をはじめとする国際的な場で、イスラエルに対して圧力をかける姿勢を固持するであろう。こうした取り組みを実際の交渉に結び付けうる国際的な動きに拍車がかかることが期待される。●

ジンバブエ再生への道程
――「ムガベ後」の政治力学

三七年にわたり権力の座にあったムガベ前大統領。その独裁者が退場して、ジンバブエはどう変わるのか。政治における対立軸を読み解きながら、国家再生の可能性を読み解く。

同志社大学教授
峯 陽一
みね よういち 一九九三年京都大学大学院経済学研究科博士課程単位取得退学。中部大学、大阪大学などを経て、二〇一〇年より現職。専攻はアフリカ地域研究、人間の安全保障。著書に『現代アフリカと開発経済学』、編著に『アフリカから学ぶ』『南アフリカを知るための六〇章』など多数。

――二〇一七年一一月、長きにわたってジンバブエを統治してきたムガベ氏が失脚しました。

峯 欧米からは「世界最悪の独裁者」と批判されていた人物だけに、国際社会でも大きなニュースになりましたね。一九八〇年の独立以来、三八年間ジンバブエの首相・大統領として権力の座にあった人物の退場劇としては、懸念されたような大きな混乱もなく、むしろ静かな印象さえ受けました。

――ムガベ氏とはどのような人物でしょうか。

峯 彼が独裁者であったことは間違いないし、政敵や批判勢力に対して非人道的な制裁を行ってきたことも事実です。植民地時代の統治とも関連しますが、アフリカ政治ではトップに立つ者の権限が大きく、政治資源の配分もゼロサム的な性格が強くあります。ムガベは長く権力の座にあって、その強みを存分に生かして統治してきました。

しかし彼が、よくある古典的な独裁者――周囲のことが目に入らず、非合理的な政策を上から押しつける権力者であったかというと、少し違うと思います。彼はむしろ、政治の潮目をよく読み、自分に対抗しそうな勢力を見極め、必要に応じて叩き潰したり利用したり、政治的な嗅覚に優れた人物でした。そうでないと、これほど長く権力の座を維持することはできなかったでしょう。

――しかし後継者に自分の妻を選ぶあたり、最後は私利私欲の世界に埋没してしまったのではないでしょうか。

峯　彼は年下のグレース夫人にぞっこんだったので、その影響もあったでしょう。しかし、権力を私物化する独裁者に対して、それを許さない良識ある勢力が勝利した、というほど単純な構図ではなかったと思いますよ。

政変劇の背景にある世代間対立

――とすると、今回の政変をどのように見ておられますか。

峯　まずは、ムガベの後継者争いでした。大統領夫人のグレースと、長年の側近で政変直前に副大統領を解任されたムナンガグワの争いです。しかしその背景には、二人を支える支持勢力の対立がありました。ムナンガグワは一九四二年生まれで、ムガベとともに独立運動を闘った人物。与党ジンバブエ・アフリカ民族同盟愛国戦線（ZANU‐PF）の本流をゆく政治家です。したがってその主たる支持勢力は、まさに彼が代表する、英国との解放闘争を担った旧世代、つまり第一世代です。ベテランと呼ばれる解放運動の元ゲリラ戦士たちも含まれます。

それに対して夫人は一九六五年生まれ。南アフリカ出身で、独立後にジンバブエに来て大統領府の仕事に就きました。グレースを支持した主たる勢力は「G40」と呼ばれています。ZANU‐PF内部の若手グループで、四〇歳代が中心の解放闘争を知らない都市エリートたちでした。開明的で、自分の意見を物怖じせずに言うし、欧米や中国からアフリカに還流しているお金の流れにも敏感です。その分、旧世代以上に汚職につながる要素もないではないですが……。反欧米的なことも言うけれど、確信しているわけではない。

今回の政変の背景にはこのような世代対立があり、ムガベは、グレースが代表する新世代に賭けたのではないかと思います。結果的に敗れましたが、その決断は彼なりの政治的嗅覚によるものだったのではないでしょうか。老司令官が中堅を飛び越えて、やんちゃな若者たちを抱き込むという構図です。

――両者の対立は急速に先鋭化したように見えます。

峯　当初はムナンガグワが後継者と目されていましたが、ムガベによって副大統領を解任され、他にも解放運動第一世代の実力者がパージされていくと、グレース派とムナンガグワ派の間の緊張は一気に高まりました。国軍司令官のコンスタンチノ・チウェンガにまで逮捕状が出たのが決定的だったと思います。直前の一一月上旬にチウェンガは中国を訪問しており、反グレース派の軍事行動の承認を中国から取り付けようとした可能性もある。とするとグレース側も、やられる前にやるしかない。ジンバブエの政治は「勝者総取り」ですから、どちらも引くに引けないのです。

――比較的混乱が小さかったのは、なぜでしょう。

峯　当初、私が最も懸念したのは国軍の動向でした。軍が割れていたら大変なことになる。軍が一致してムナンガグワを支持したこと、かつ抑制的に行動したことが、比較的静かな「クーデター」となったことの一番の要因でしょう。グレース派は警察組織を掌握していましたが、軍には十分に浸透できなかったようです。

もう一つ理由を挙げるとすると、アフリカ連合（ＡＵ）レベルで、クーデターによる政権は認めないという規範があることです。冷戦後にアフリカでも複数政党制が広がるにつれて、開票手続きなどに問題がある国々はあるにしても、政権の正統性は選挙で担保されるという認識が定着しつつあります。ムナンガグワも、最後までクーデターという言葉は使いませんでした。「ムガベ大統領周辺の犯罪分子を排除した」という言い方です。だから手続き的には瑕疵はない。そう説明しないと次の政権がもたないという認識を、当事者たちは明確に持っていたと思います。クーデターではない以上、軍の行動は抑制的、限定的にならざるをえないわけです。

次の焦点は八月の総選挙

――今後の情勢で、どのような点に注目しますか。

峯　八月に予定されている総選挙が最大の焦点です。とりあえず、一一月の政変では旧世代の勢力が勝利したのですが、ムナンガグワ大統領が与党をまとめて政権を維持できるかどうか、ここに注目しています。

与党ＺＡＮＵ‐ＰＦは解放闘争やその後の土地収用運動を闘った農民の多くが支持しています。しかし近年、農民の暮らしは必ずしも向上していません。貧しい農民層に目に見える利益を与えることは、社会正義にもかなうし、支持基盤の安定化も図れる。ある種のポピュリズムではありますが、ムナンガグワはこの辺りを抜かりなく固めてくるはずです。

また、そのような旧来からの支持層に加えて、ムガベ政権と袂を分かち、あるいは迫害されて国外に移住したディアスポラたちにも、一緒に国づくりをしようと訴えかけています。昨年一二月、ムナンガグワは大統領就任後の初の外遊先として南アフリカを訪問して、同国出身の同胞たちに経済発展への貢献を呼びかけました。本来であれば野党の支持者である人たちにまで触指を伸ばすあたり、彼の老練さを伺わせます。

――野党はいかがですか。

峯　ムナンガグワ政権から排除された諸勢力がどれだけまとまるかがポイントでしょう。しかし、グレース夫人のようにムガベの後継を掲げていた勢力から反ムガベ勢力まで、その内実は実に多様です。反ムガベ勢力も、もともと左派系の労働運動の活動家から植民地時代を懐かしむ英国系白人まで、呉越同舟の寄り合い所帯です。先ほど言及したG40の都市住民を基盤とするグレース派、かつて後継者と目されたこともある元副大統領のジョイス・ムジュルを中心とするグループなどの再編がどのように進むか、注目しています。

参照点になるのは、ムガベ時代の二〇〇八年の総選挙です。大統領予備選挙ではムガベが四三％、野党の民主変革運動（ＭＤＣ）党首モーガン・チャンギライが四八％の接戦でした。ムガベ大統領はＭＤＣ勢力を暴力的に弾圧して、かろうじて再選されました。基本的には、ＺＡＮＵ‐ＰＦは農村票を集め、ＭＤＣは都市票を集めるという構図でした。それで現在の状況ですが、ＭＤＣのチャンギライは重篤な病で引退寸前の状況です。他方、ＺＡＮＵ‐ＰＦの方は、ムナンガグワにはムガベほどのカリスマはないし、内部対立の後遺症もあります。

浮動票というか、都市住民には気まぐれなところがあります。ＺＡＮＵ‐ＰＦにはそれほどシンパシーを抱いてはいないと思いますが、実際にどれほどの人たちが野党に投票するか、いまひとつ掴みきれません。

また反ムガベという点では、エスニック対立の問題もあります。ジンバブエ人の八割を占めるショナ人に対して、南部には人口の約一割のンデベレ人が暮らしています。一九八三年にンデベレ人が反政府武装蜂起を準備しているとの懸念から、国軍が軍事介入した事件がありました。この地域は依然として反ムガベ、反中央の思いが消えていません。これらの勢力と都市民が再び合流すれば、そして農民の生活が向上するサインが見えなければ、選挙は二〇〇八年のように野党優位になる可能性があります。

――軍の動向はいかがですか。

峯　今回の政変に乗じて国軍がＺＡＮＵ‐ＰＦを完全に乗っ取り、巨大な影響力を持つようなことになると、おかしな方向に進むかもしれません。ムガベに解任された軍司令官チウェンガが第一副大統領兼国防相に就いており、その気配がないわけではありません。ムガベ擁護に動いた警察のトップが大量に解任されるなど、官僚機構では国軍の影響力が強まっている感じがします。

土地収用をめぐる「国際世論」の陥穽

――その国際社会ですが、「ムガベ後」への期待が高まっています。

峯　欧米のムガベ批判は厳しいものがありましたから、その反動の面があります。しかし英国に楯突くと怖いですね。なにしろBBCの影響は強力ですから（笑）。

なぜムガベがそこまで嫌われたのか。やはり国際社会、特に英国のムガベ批判の根底には、二〇〇〇年代にジンバブエ政府が行った「土地改革」への恨みがあったということでしょう。白人が所有する土地を強制的に収用し、黒人の農民に分け与えたこの政策は、かつて宗主国だった英国の怒りをかいました。おかげでジンバブエにおける大規模な農場経営はかなり縮小し、食糧の安定した生産体制が崩れたことが、後のハイパーインフレーションを生んだとの批判もあります。しかしこれらの評価は、やや一面的です。

――ジンバブエからみると別の評価があるのですか。

峯　独立前、人口の五％にも満たない白人が国土の肥沃な土地の七〇％を所有していました。独立に際して英国は、ジンバブエ政府が白人から土地を買い上げる際の費用を補償することになっていましたが、ぐずぐずしていて、白人から黒人への土地の移転はあまり進みませんでした。意外に思われるかもしれませんが、八〇年代のムガベは英国を思いやって、土地改革の動きを抑制していました。そうやって広大な白人農場が残り、あげくの果てに一九九七年、英国労働党のブレア政権が土地買い上げ費用の補償を拒み、約束を反故にしたのです。この一連の流れを受けて、ムガベは二〇〇〇年に土地の強制収用を開始します。

したがって、ジンバブエ国民の土地改革への評価は、英国の評価とはだいぶ異なります。土地の収用・再配分自体は、当然だと考える人たちが多数派なのです。これは、アフリカの他の国々の知識人と話していても同じですね。「（英国の手前）大きな声では言えないけど、もう植民地時代じゃないんだから、土地を黒人に返すのは当然でしょう」という意見が多い。穏健な人でもそう言います。「ムガベのやり方には問題があった」という留保をつける人は多いですけど。

もうひとつ指摘したいのは、この土地改革は、かなりの程度農民の内発的な運動に支えられたものだったということです。ムガベが呼びかけたのではなく、下からのイニシアティブに彼が「乗った」というのが実態に近い。なんでもかんでもムガベ個人の行動に引きつけて理解しようとすると、全体像を見失うと思います。

復興を支える国民の勤勉さ

――今後のジンバブエの可能性について、どのようにお考えですか。

峯　注目したいのは、ジンバブエ国民の全般的な勤勉さ、教育水準と順法意識の高さです。さきほど述べたように、二〇〇八年の総選挙では、ムガベ大統領は反対派を大弾圧しました。このときのムガベ派の暴力行為はひどいもので、批判されるべきですが、これは裏を返せば、たとえ強権的なムガベ大統領であっても選挙の得票率を改ざんすることはできないし、いったん本選挙で結果が出てしまえば、それを事後的に暴力で覆すことはできないという認識があります。司法はそれなりに独立した判断を下すことがあるし、市民の側にも選挙を機能させようという意識が強く、政治的なポテンシャルの高さを感じます。

経済的にも、植民地時代に基礎的なインフラが整備されており、治安もわりあいにいいです。南アフリカの都会では夜道の一人歩きはできませんが、首都ハラレでは基本的には大丈夫です。政変のときには現地の学生たちとソーシャルメディアで連絡を取り合いましたが、ハラレは秩序が維持され、市民生活も安定していました。

――産業としてはいかがですか。

峯　標高が高くて過ごしやすい気候ですし、農業への期待も高いものがあります。事実、つい最近まで白人が土地を所有して大規模農場を経営していたわけですから、農業生産がV字回復する潜在力はあります。日本も、農業分野で新しい協力モデルをつくる機会にしたいところです。勤勉な国民性なので、製造業も伸びしろが大きいでしょう。国際社会の側も、ムガベという「とげ」が抜けたことで、ジンバブエの再生を支えていこうという気運が高まっているように思います。また、南アフリカを中心に世界中に散らばるジンバブエのディアスポラも、帰国したり投資を通じて国家再建に関わる動きが広がっているようです。ただし、これらすべての動きが加速するのは、八月の選挙の結果が出てからでしょう。

――今回の政変でも中国の存在感が際立ちました。

峯　英国と関係が悪化した後も、ジンバブエは南アフリカや中国とは密接な関係を維持していましたから、今回の「クーデター」でも軍部は連絡を取り合っていたと思います。ただ、それではジンバブエが中国べったりかというと、そうとも言い切れません。多額の援助や投資は、反面で警戒心を呼ぶものです。ムガベ時代、外国企業がジンバブエで活動する際は、五一%をジンバブエ人に所有させないと操業できないとするなど、自国民のオーナーシップを重視したルールを定めました。現在は投資促進のために規定を緩める方向のようですが、もともとは多分に中国を意識した政策でしたし、さまざまな形で中国を牽制しつつ、欧米の出方を見ているところがありました。

日本は、西側諸国のなかでは、ムガベ政権時代にもジンバブエとの関係を切らなかった数少ない国の一つでした。ムガベはこの五年間で三度の来日を果たしていますが、当然、中国を意識した対応でもあったでしょう。ジンバブエはムガベ時代から、アフリカをベースに欧米、中国、日本と、さまざまなプレーヤーとしたたかに交渉してきました。今後、欧米との関係改善を見込めることになると、ジンバブエにとってはさらに外交カードが増えることになるでしょうね。

南部アフリカで問われる解放世代

――今回の政変がアフリカの国家や社会に与える影響はあるでしょうか。

峯 南部アフリカ諸国には、少なからず衝撃が走ったと思います。アフリカのなかでも南部の国々は独立が比較的新しく、モザンビークとアンゴラが一九七五年、ジンバブエが八〇年、ナミビアに至っては九〇年です。南アフリカでは、アパルトヘイト撤廃後の一九九四年にマンデラ大統領が誕生しました。したがって多くの国で、解放闘争を主導した勢力がそのまま政権与党となって、現在に至っています。南アフリカのアフリカ民族会議（ANC）、モザンビークのモザンビーク解放戦線（FRELIMO）、ジンバブエのZANU-PF、ナミビアの南西アフリカ人民機構（SWAPO）、みんなそうです。

しかし近年、いずれの政党も、解放闘争を率いたという威信だけでは国民の支持を維持できなくなってきました。とりわけ若年層の支持を獲得するために、各党ともに「脱皮」が求められているのです。ANCが現職のズマ大統領を議長から退任させ、労働運動出身ながら金融界で頭角を現したシリル・ラマポーサを後任に選んだのも、危機意識の表れでしょう。ジンバブエではグレース派はたたきつぶされましたが、これから若い世代がどう動いていくかは未知数です。南部アフリカの今後の動向を占う意味でも、ジンバブエの次の総選挙は目が離せませんね。●

難民危機における人道パートナーシップ
——UNHCRと日本

世界各地で難民への援助を行うUNHCR。負の連鎖を断つには、難民保護のみならず未来につながる教育などの施策が必要だ。数々の困難をどう乗り越えるか、日本のさらなる貢献の手段は。

国連難民高等弁務官事務所（UNHCR）駐日事務所代表
ダーク・ヘベカー
Dirk Hebecker　ドイツ外務省、在ベトナム ドイツ大使館での勤務を経て、一九九三年にUNHCRハノイ事務所で帰還担当官を務めたのを始めとして、ジョージア、ミャンマー、スリランカ、バングラデシュ、スイス（ジュネーブ本部）など世界各地で人道支援活動に携わる。前UNHCR韓国事務所代表。

国連難民高等弁務官事務所（UNHCR）が設立された一九五〇年当時、その権限はわずか三年の間、第二次世界大戦で生じた数百万の難民を保護し問題の根本的な解決を図るよう、ヨーロッパ諸国を支援することでしかなかった。六八年後の今日においても、その組織が六五〇〇万人という危機的な数の、紛争・戦争・人権侵害・迫害により住む場所を追われた人々と向き合うことになるなど、当時、一体誰が思い描いただろう。

そして水平線の向こうで、何ら和平や政治的解決の見込みもないままに戦火が猛威をふるい続け、さらに年々新たな紛争が生じ、多くの国々で人権の侵害、政敵や宗教的・民族的少数者の迫害が続く今日において、一体誰が、UNHCRが近い将来にその人道的使命を果たし終えるなどと真実味をもって語ることができるだろうか。

世界中で難民の数が増えたばかりでなく、その任務の遂行に必要とされる政治的・経済的支援が不透明感を増したために、二〇一七年はUNHCRにとっての新たな試練の年となった。この一年を象徴した「不確実性」という一語が、世界の幾百万の難民にとり何を意味するのか、思いを巡らせてみてほしい。世界を見渡しても、難民問題にとって前向きな、あるいはせめて励みとなるようなトレンドすら見出し難い。それはUNHCRにしてみれば、諸国政府

アフガニスタンの難民キャンプで暮らす子どもたちに、スクールバッグが手渡された。学びへの意欲を失わせないことが重要（EPA＝時事）

や他の国連機関、民間企業や多くの市民団体との連携の下で保護し支援している幾百万の人々が、引き続き依存を余儀なくされるということである。そして難民の目線に立てば、故郷へと安全に帰還することも、異郷の地で尊厳を持って生きることもままならないということである。

難民の処遇は社会のあり方全体の問題

昨年にはイラク、シリア、イエメンでの戦火によって新たに数十万の人々が故郷を追われ、また現下の南スーダンにおける危機を通じて難民となった人の数は二〇〇万人に達した。欧州では国境で立ち往生し、あるいは非常用の受け入れ施設に収容された難民や避難民が次々と寒さに斃れている。そしてその光景は、いま再び繰り返されている。同じように中央アフリカ共和国、地中海中央部、コンゴ民主共和国、ミャンマー、ベネズエラなどでも危機は収束せず、新たに起こり、再発・深刻化し、あるいはソマリアやアフガニスタンのようにいっそう複雑化している。そうした地域を覆っているのは抑留や非人道的処遇であり、早期帰還への圧力であり、そして避難施設の不備である。フィリッポ・グランディ国連難民高等弁務官が昨年末に総括したように、ＵＮＨＣＲを取り巻く国際的な政治環境は不確実性を増しており、これまでわれわれの取り組みの支えとなってきた諸条件が果たして今後も持続するのか、見通しが立たなくなってきている。

シリア難民受け入れ国などでの調査が示すのは、日々の生活に事欠く難民の苦境である。ますます多くの人が、基礎的な生活物資やサービスを享受できずに窮乏へと追い込まれている。世界では難民の子どものうち、恒常的に学校へと通えるのはわずか六割にすぎない。子どもたちの多くは、いわゆる援助疲れや財源の枯渇を背景に人道支援物資が滞るなか、家計を支えるべく低賃金の雑務を強いられている。難民の中でも最も脆弱な立場にある女性や少女は往々にして、生活のために身を売ることを余儀なくされる。

難民支援のリソースが目減りすれば、支援対象物資はごく一部の最低限必要なものへと絞り込まれる。援助の主眼を難民の生存に置けば、彼らが教育を受けて自活をし、過去のトラウマを乗り越え、そして自らの生を全うして社会に貢献するための支援は後回しになる。さらに、そうなれば多くの社会で難民を負担と捉える見方が強まり、すでにいくつかの国で見られるように、ポピュリストやナショナリスト、そして反難民的な大衆感情が力を得ることとなる。

限られた成果であるとはいえ、難民受け入れ制度の拡充、市民社会や民間企業との連携体制の構築、そして各国の政策への働きかけなど、いくつかの面でUNHCRは事態を進展させてきた。受け入れ国・地域を支えることで難民の生活基盤を確かにすべく、人道・開発分野の支援パートナーと緊密な関係を築いたこともその一つであり、紛争解決に大きな進展がないなかでも着実に歩みを進めている。二〇一七年一二月に中央アフリカ共和国からのスーダン難民の自発的な帰還が緒に就いたこと、そしてリビアからニジェールへの緊急避難と定住に向けた措置が着手されたことは画期的である。

一人一人のニーズに沿い、かつ効率的に

UNHCRと人道・開発パートナーの取り組みにとって重要だったのは、日本の支持も得て二〇一六年九月に採択された難民と移民に関する「ニューヨーク宣言」であり、それにともない策定された「包括的難民支援枠組み」である。同枠組みはすでに一三の参加国を擁し、自国の教育や医療サービス、労働市場へのアクセス、あるいはビジネスの機会を難民に提供してきた国々に対して、すでに確かなインパクトを与えている。なかでも戦略的に見てとりわけ重要なのは、世界銀行による国際開発協会（ＩＤＡ）第

一八次増資のような、開発アクターから難民受け入れ国に対する資金やプロジェクト支援の増大である。というのも、そうした取り組みによって支援のリソースが増大するばかりでなく、難民や国内避難民が人道支援物資への依存を離れ、その地で自らの生活を再び生産的なものとする機会が広がるからである。新たなアプローチの下、「ニューヨーク宣言」に沿った難民に関するグローバル・コンパクトの採択を一八年の最優先課題とするUNHCRの取り組みは、日本を含む各国政府から強く支持されている。

人道危機の現場において、あるいは各国の首都やジュネーブ本部において、難民の発生やその可能性を察知し自らの使命を果たす上で、UNHCRが今ほど万端の体制を築けたことはかつてない。その使命を果たすには、遠隔の、しかも安全の不確かな環境で困難な任務を遂行しなければならない。世界の一二五ヵ国にわたって、日本人も含む実に一万五〇〇〇人以上のスタッフが、難民や国内避難民の生存・福祉・教育に不可欠の支援を行うために、そして彼らが社会の中でより生産的な役割を果たすことを奨励するために日夜汗を流している。UNHCRは、難民・避難民一人一人のニーズに沿った支援の展開を目指して事業の効率化と革新に励む、最も精力的な機関の一つなのである。

一九五一年に採択され、一四五の国々とともに日本も締約国に名を連ねる難民条約に基づいて難民を力強く保護することこそが、UNHCRの中核的な使命である。最近でいうと、二〇一七年八月の武力衝突を受けミャンマーのラカイン州からバングラデシュ南東部へと流入した六五万五〇〇〇人超のロヒンギャ難民に対する迅速な支援の実施により、UNHCRの大規模な緊急即応能力は改めて証明された。

日本から寄せられるUNHCRへの支援

UNHCRがその使命を果たす上では、各国政府や民間企業、そして個人から供されるリソースが不可欠である。日本は長年にわたり、そうした支援供与国の筆頭格である。二〇一七年において日本は一億五〇〇〇万ドル超の貢献をなし、米国、ドイツそしてEUに次ぐ供与国となった。河野太郎外相が一七年一一月にグランディ国連難民高等弁務官との会談で宣明したように、日本は引き続きUNHCRの取り組みを力強く支え、また世界の難民・避難民に対する支援を高い水準で維持することを約束してくれている。毎年の、そして逐次の経済援助に加えて日本は長きにわたって、二国間開発協力の一環として難民問題に直面する

レバノンの首都ベイルートにUNHCRが設けたシリア難民向けキャンプで（AP／時事通信）

地域社会に直接・間接の支援を行ってきた。さらに日本は、人道的な支援と復興・開発を結びつけて考えることに貢献してきた。難民を助ける会、アドラ・ジャパン、ブリッジ・エーシア・ジャパン、ジェン（JEN）、ピースウィンズ・ジャパン、セーブ・ザ・チルドレン・ジャパン、ワールド・ビジョン・ジャパンなどの日本の人道支援NGOは、自らの災害支援の経験を活かして、世界各地で難民・国内避難民への支援に一層深く関与してくれている。

日本のメディアが果たしている役割もまた、見逃せない。世界の難民問題にまつわるニュースが日本の読者・視聴者へと絶えず届けられることで、ますます多くの人が難民や国内避難民の窮状、移住の背景、彼らの望みや必要とするものを知ることができている。光栄にもUNHCRは二〇一七年一一月、ロック・ギタリストであり歌手、そして俳優でもあるMIYAVIを、日本人初の親善大使に任命した。すでに彼のファンと多くの日本人が、世界の難民問題へと目を見開かされたことだろう。

日本での公式支援窓口を担う国連UNHCR協会を通じて寄せられた数十億円にのぼる寄付金も、UNHCRとその保護下にある人々にとっての大きな支えとなっている。一〇万人以上の日本人が、汗を流して得た稼ぎを難民支援の大義へと投じてくれている。世界的な衣料品メーカーのユニクロや、二〇〇六年にナンセン難民賞を受賞した金井昭雄会長率いる富士メガネなど、いくつかの日本企業もUNHCRの財政を力強く支えてくれている。そうした企業は、眼前の紛争地帯に人道支援の手を差し伸べて人々の苦しみを和らげるばかりでなく、将来その土地に平和が戻った暁には地に足を着けて事業を展開し、破壊されたインフラの再構築や貿易・投資に商機をつかむことができることだろう。

外交面でも難民問題解決への努力を

世界の難民問題に対する日本の取り組みは、財政援助にとどまらない。二国間外交や、国連の安保理・総会をはじめとする多国間外交を通じて、日本はUNHCRが打ち出す方策を支持し、平和構築・維持に貢献し、そしてUNHCRが掲げる難民保護規範の強化に手を貸してくれた。こうした行いは、中立的な平和愛好国として日本が国際社会で有する重みや名声を背景になされたのである。

日本は世界の紛争地帯から地理的に離れているとはいえ、二〇一六年には一万人を超す人々が日本に保護を求めてきた。一七年ではその数は記録を更新するだろう。安全を求めてたどり着いた人々の期待に応えるべく、日本は保護と援助の提供に努めてきた。また、日本の第三国定住事業や日本での修士号取得に向けたシリア難民留学生の受け入れといった取り組みも高く評価されるべきである。難民の受け入れをめぐる状況の変化にともない、UNHCRは包括的かつ公正な受け入れ体制の構築に向けて法務省や諸政党、市民社会と手を携えて取り組みを進めている。

UNHCRが使命を果たしていく上で、日本の支援は不可欠である。日本が世界に示す連帯の精神と難民問題への具体的な取り組みは、他の国々の範となっている。来たる数年のうちに、日本とUNHCRの緊密な協力関係が新たな高みに至ることを信じてやまない。●

（翻訳・石田智範）

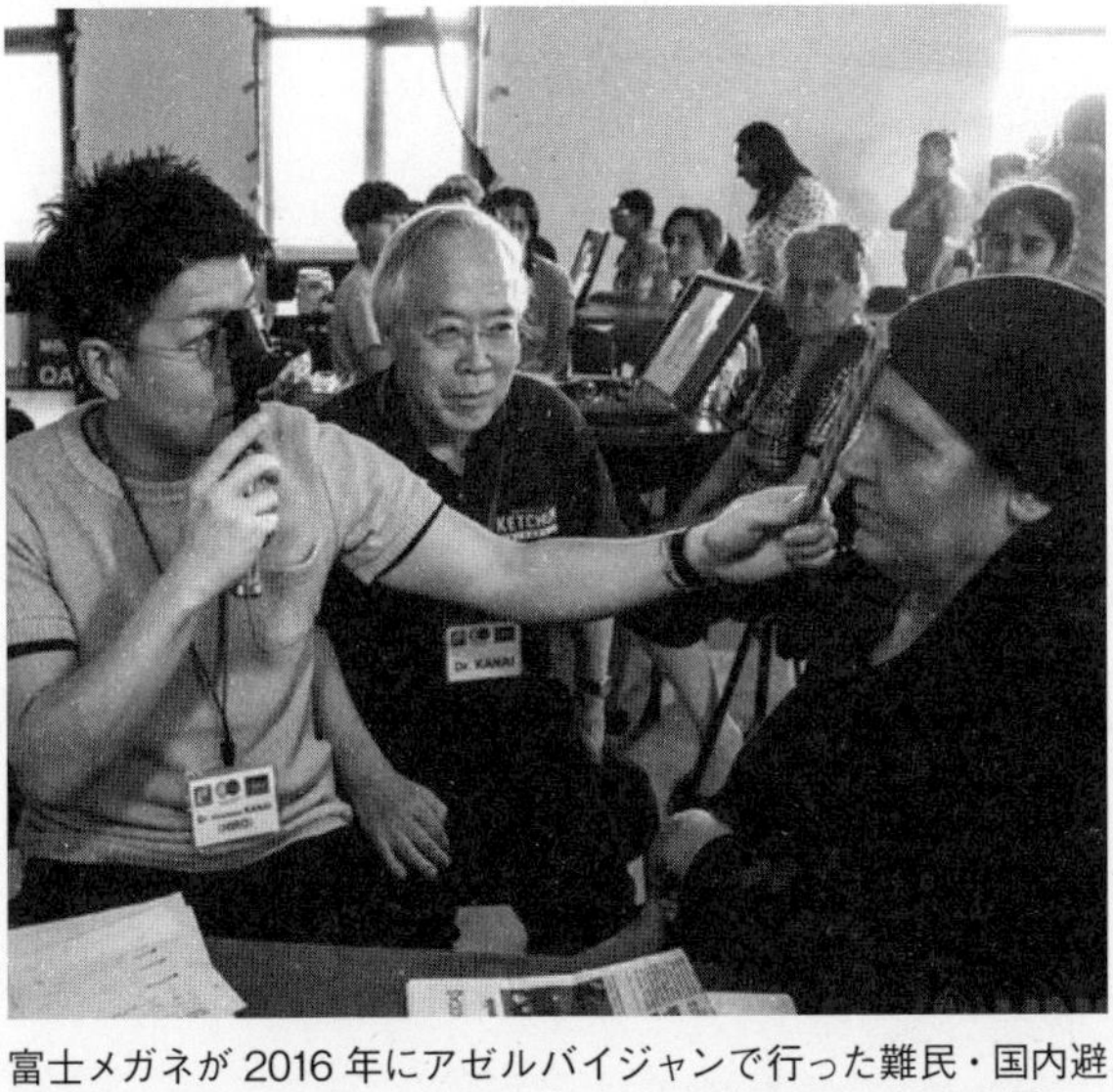

富士メガネが2016年にアゼルバイジャンで行った難民・国内避難民視力支援。同社は1983年以来、通算35回の視力支援ミッションを派遣。参加した社員ボランティア数は延べ183人にのぼる（UNHCR/Andrew McConnell）

「新大国」インド外交と南アジア国際秩序

二〇一九年の総選挙で二期目をうかがうモディ首相は、近隣外交を重視し、隣接する中国の覇権主義に警戒しながら実利が取れる外交戦略を展開する。日本との関係を含め、インド外交戦略を俯瞰する。

ジャーナリスト
竹内幸史
たけうち　ゆきふみ　慶應義塾大学卒、朝日新聞社入社。ニューデリー・バンコク特派員、編集委員などを務める。退社後、米ライシャワー東アジア研究所客員研究員を経て『国際開発ジャーナル』編集委員、拓殖大学大学院講師。共著書に『脱原発の比較政治学』『東アジア連携の道を開く』など。

「自国第一」の内向き志向が強まる世界で、インドの重要性が一段と高まっている。冷戦構造が崩壊した一九九一年以降、経済改革の道をひた走ってきたインドは、ＩＴ産業の発展、国境を超えたマンパワーの移動などにグローバリゼーションの追い風を受けて成長を続けた。同時に、主要国との全方位外交に努め、国際的な地位を向上させてきた。日本は、単に中国と対抗するための地政学的なパートナーとしてではなく、「自由で開かれた国際秩序（リベラル・インターナショナル・オーダー）」を維持・発展させるためのグローバルな外交パートナーとしてインドを一層重視し、協力していくべきだろう。

二期目を展望するモディ首相

二〇一四年に就任したナレンドラ・モディ首相が二期目に強い意欲を示したのは、一七年三月のことだ。二億人以上の人口を有するインド北部のウッタル・プラデシュ州の州議会選挙で、与党のインド人民党（ＢＪＰ）が圧勝した。モディ首相は勝利宣言で、こう述べた。

「選挙結果は二〇二二年までに建設するニュー・インディアの基礎をなす。貧しい人々の力と中間層の希望によって、インドは新たな高みに到達できる。インドが『ワールド・パワー』になることを、誰も止めることはできないのだ」

一四年の総選挙で汚職撲滅と経済重視を掲げたモディ氏は、国民の熱烈な支持を得て政権についた。五年の任期が終わる一九年に総選挙を迎えるが、インド最大の州で基盤を固めたことにより、二期目への道筋が見えてきた。

二〇二二年は、一九四七年のインド独立から七五周年の記念すべき年である。モディ首相が実現を唱える「ニュー・インディア」は、貧しい人々も取り残さず、中間層や女性と合わせて包摂し、ともに成長する「インクルージブ・インディア」を中核的な概念にしている。そこでモディ首相が大いに意識したのは隣の大国、中国だろう。中国共産党が創設一〇〇周年を迎える二〇二一年をにらみ、習近平政権は「小康社会（経済的にややゆとりのある社会）」の実現を目指している。さらに、建国一〇〇周年を迎える二〇四九年までに「富強・民主・文明・和諧の社会主義現代化国家」を実現し、世界をリードする大国となることを国家目標にしている。

歴代のインド政権にとって、一九六二年の国境紛争で中国に敗れたトラウマは大きく、中国に対する劣等意識を抱き続けた。経済力でも、軍事力でも中国に「追いつき、肩を並べる」ことに競争心を燃やし、経済政策、核政策、ASEANへの接近策などで、がむしゃらに追随した。そんな対中コンプレックスに根ざした追随策は、インドのメディアから「Me-too-policy（自分も政策）」と呼ばれた。

モディ首相も、二〇一四年の総選挙戦ではインド北部の中印間の未確定国境地域であるアルナチャル・プラデシュ州で遊説するなど、中国への対抗心は一貫している。国づくりのビジョンでも、中国を強く意識したことだろう。

南アジア「近隣外交」から着手

ここで二〇一四年以来のモディ政権の外交政策を振り返っておこう。就任直後から力を入れたのは、南アジアの「近隣外交」だ。インド初の「独立後世代」の首相だが、国政の経験はなかった。そのモディ首相が同年六月、最初に訪れたのはヒマラヤの王国、ブータンだった。

この国を初の外遊先に選んだ背景には、「中国の影」がある。国交がない中国との未確定国境を抱えるブータンに、中国は国交樹立を求めている。ブータンとの間に道路建設を進め、南アジアへのアプローチを強める思惑がある。自国の「裏庭」を荒らされる懸念を抱いたモディ首相は、ブータン訪問で関係を強化し、中国を牽制したのだった。

中国はパキスタン、バングラデシュなどインド周辺国に対し、港湾など交通インフラ建設協力を進める「真珠の首飾り」戦略を展開してきた。

スリランカでは、ラジャパクサ前大統領が中国の融資で港や空港を南部のハンバントタに建設し、コロンボ港に接する海域を埋め立て、金融センターを建設する事業に踏み切った。スリランカは一九五〇年代、共産主義国に輸出禁止だった戦略物資の自国産ゴムを中国のコメと交換した。中国はスリランカ内戦の末期、国際社会で孤立したラジャパクサ政権に武器輸出を拡大し、支えた。

これに対し、インドはハンバントタに領事館を開設して中国情報の収集に乗り出した。経済協力では、スリランカ北部のトリンコマリに港や発電所を建設するほか、鉄道分野に約三億ドルの援助を進めている。二〇一五年のスリランカ大統領選挙では、親中派のラジャパクサ氏が親印派のシリセーナ現大統領に敗れたが、水面下ではインド諜報機関の工作もあったとされた。中国の勢力拡大を食い止める凄まじい暗闘が展開されていたのだ。

一方、バングラデシュでは親印派のアワミ連盟を与党とするハシナ首相が政権を率いるが、中国はここでもインフラ建設の経済援助や武器輸出で食い込んでいる。モディ政権はガンジス川水系の取水問題でバングラデシュに政策的配慮をし、関係改善を図っている。

近隣外交としては、モディ首相が二〇一四年五月の就任式に南アジア地域協力連合（SAARC）加盟八ヵ国の全首脳を招いたことも特筆される。SAARCは東南アジア諸国連合（ASEAN）をモデルに一九八五年に発足した。これらの国を中心にしたインドの近隣外交は、故インドラ・グジュラール元首相が地域協力を重視して提唱したことから、「グジュラール・ドクトリン」と呼ばれる。

中国は南アジア関与への意欲を強め、SAARCにも日米韓とともにオブザーバー加盟している。最近ではSAARCに正式メンバーとなる希望まで表明しており、親中国のパキスタンや、スリランカ、バングラデシュ、ネパール、モルディヴの支持を得ていると言われる。SAARCは全加盟国のコンセンサス方式で方針が決まるため、インドが反対すれば難しいが、中国の積極外交は予想以上だ。

深まる対中不信

インドと中国の二国間関係はどうだろうか。中国はインドとの国境紛争に勝利した後、一九六四年に核実験を断行し、軍事力で差をつけてきた。インドは未確定国境を抱える中国に一九八〇年代後半からラジブ・ガンディー、アタル・ビハリ・バジパイ各首相が訪中して関係改善に努めてきたが、ここ数年、領土問題の交渉は足踏みしている。

中印関係は経済交流の拡大を軸に動き、言わば「政冷経温」の様相だ。二〇一四年九月中旬、モディ首相は習近平国家主席を故郷のグジャラート州に招き、中印首脳会談を開催した。中国はインドのインフラ建設に協力し、五年間で二〇〇億ドルの投融資を進める方針を表明した。グジャラート州とマハラシュトラ州に二ヵ所の工業団地建設のほか、鉄道の在来線（チェンナイ～マイソール間）高速化や鉄道大学開設などの協力を決めた。

だが、習主席訪印の最中にも、カシミールの係争地で中国軍がインド側に越境する騒ぎが起きた。また、習主席がこの直前に訪れたスリランカでは、中国の潜水艦がコロンボ港に寄港したことが判明した。中国トップの微笑外交の陰で「砲艦外交」のような行為がなされたことにインド側の不信感は高まった。

さらに対中不信が拡大したのは、中国が掲げる「シルクロード経済圏（一帯一路）構想」である。パキスタン国内の道路建設事業が印パ間の係争地であるカシミールに抵触していたことから、インドは反発し、二〇一七年五月の「一帯一路北京フォーラム」への政府代表派遣をボイコットした。主要国の中で、一帯一路への参加を明確に拒んだのはインドだけである。

興味深いのは、アジアインフラ投資銀行（AIIB）への対応とのコントラストだ。インドはAIIBに、中国に次ぐ第二の出資国として参加し、運営に積極関与している。インド派遣のD・J・パンディアン副総裁はモディ首相がグジャラート州首相時代に側近を務めたエネルギーの専門家である。インドは二〇一七年、AIIBから送電線の改善に一億六〇〇〇万ドルの融資を初めて受けた。

元インド中央計画委員会副委員長のモンテック・アルワリア氏に事情を尋ねると、「AIIB設立の背景には、中国が求めた世界銀行の増資に米国が応じなかった経緯が大きい」と指摘し、AIIB設立の正当性を評価した。

対照的に、一帯一路の事業がカシミールに抵触しないよう見直しがされれば、インドは参加するのかと尋ねると、「中国が見直すとは思えない」と語った。インドは、多国間の国際機関であるAIIBと、中国の政治的イニシャティブとしての一帯一路を明確に区別し、「是々非々」の対応をとっているのだ。

この一帯一路ボイコットに対する「意趣返し」の形で起きたのが、ヒマラヤのドクラム高原における騒ぎである。二〇一七年六月、中国－ブータン間の未確定国境地帯に中国軍が道路建設を進めたことから、インドが部隊を急派し、一触即発の緊張となった。九月に北京で開かれたＢＲＩＣＳ首脳会議を前に撤兵がされたものの、中国軍が道路建設を断念したわけでなく、火種は残された。

二ヵ月あまりの両軍のにらみ合いで伝わってきたのは、中国軍の挑発にインド軍が一歩も退かず、かつ冷静に対峙したことだ。インド軍は長年かけて、ヒマラヤの山岳戦に備えた部隊編成と訓練、道路や兵站の整備などを積み重ねてきた。「国境紛争で中国に不意打ちされて敗れた一九六二年とは全く違う」と語るインド軍幹部もいた。インドは国力、経済力、軍事力に自信をつけ、伝統の対中コンプレックスを払拭しつつあるようだ。

米国の労働力移動制限を懸念

一方、インドと米国の関係は、一時のささくれ立った雰囲気からは改善したものの、新たな問題も浮上している。

モディ首相はグジャラート州首相時代の二〇〇二年、ヒンドゥー教徒のイスラム教徒に対する宗教暴動が起きた際に沈静化に努めず、多数の死者を出した責任を問われ、米国の入国ビザが停止されていた。首相就任が決まると、米政府は処分を解除し、訪米を迎え入れたが、米印関係修復には時間がかかった。

米印原子力協力では三年がかりで〇八年に協定を実現したが、インドが原発事故に備えて立法化した原子力賠償法の中で製造者責任を問う内容にしたため、米企業がインド原発の市場に参入できない状態が長く続いた。

また、インド軍の次期多目的戦闘機の受注合戦で米企業がフランスに敗れ、米政府を落胆させたこともあったが、オバマ政権の後半になって米国のインドへの武器輸出は増加し、インドはサウジアラビアと並ぶ世界最大の武器輸入国になった。インド洋のシーレーン防衛強化のため、インドに無人偵察機を供与する話も進んでいる。

インドはトランプ政権の米国との経済関係は貿易促進、ハイテク交流の拡大を軸に考えているが、新たな懸念もある。インド人労働力に対する米国のビザ発給が厳しくなっていることだ。米国にはインド系住民が三〇〇万人以上いて、ＩＴ産業の技術者や法律家、会計士、医師などの専門職に多く働き、経済を支えている。「Ｈ１－Ｂ」と呼ばれる労働ビザ（専門職一時就労ビザ）の大半はインド人向けに発給されているが、移民の米国流入の制限に伴って発給が減り、米国行きを断念してカナダやオーストラリアに転じる者も多い。

トランプ政権下では、パンジャブ州出身のシーク教徒を父に持つインド移民二世のニムラタ・ニッキー・ヘイリー前サウスカロライナ州知事が国連大使に抜擢された。本人はキリスト教徒だが、ホワイトハウスのインド系住民に対する人種的偏見は比較的少ないと思われる。だが、米国では事務処理のアウトソーシングなどで「雇用が外国に奪われている」といった批判がある。インド政府はIT産業のビジネスに保護主義が強まらないかを警戒している。

「自由で開かれたインド太平洋戦略」の展開が焦点

米国のティラソン国務長官は昨秋の訪印を前にした講演で、インドの立場を配慮してこう述べている。「法治や民主主義などの普遍的価値や自由貿易、航行の自由といった国際秩序によって、インドは大きな利益を得て台頭したが、その秩序が今、脅かされている。中国は責任感に欠け、インドが堅持しているルールに基づく国際秩序を崩壊させている。世界で、そしてインド太平洋地域で米印の強力なパートナーシップが必要だ」。

「自由で開かれたインド太平洋戦略」という概念を外交政策の中で使い始めたのは、安倍晋三首相だ。今や日、米、印、そしてオーストラリアも含めた国々のキーワードになっている。一月中旬に訪印した薗浦健太郎・首相補佐官は講演で、「日本が目指すのはこの地域だけでなく、国際社会全体の安定と繁栄だ。この戦略は、ビジョンに同意するすべての国に開かれている。インド太平洋が自由でなく、開かれなくなったら、一致して声を上げなければならない」と、協力を求めた。

ただ、一帯一路への不参加を決めたインドでは、不参加による自国の孤立を懸念する声も出ている。このため、識者の間では日米が推進するインド太平洋戦略が抽象的なメッセージにとどまっていることに不満も出ている。カーネギー財団インド代表のラジャ・モハン氏は「インド太平洋戦略が、一帯一路の現実的な代案（オールタナティブ）を提供してくれることをインドは求めている」という。

日本はインドとの関係を「特別な戦略的グローバル・パートナーシップ」と位置づけ、首脳の定期的な相互訪問、経済、安全保障、文化にわたる幅広い交流を進めてきた。これは全く正しい外交戦略であるものの、インドも中国との間で重く複雑な独自の利害関係を背負っている。日本自身が対中関係をどう再構築し、一帯一路にどう関わるか、煮詰めながら、インドとのパートナーシップを強化していく必要がある。●

プーチン大統領「再選」にみるロシアの閉塞感

三月に大統領選挙を控えるロシア。
プーチン氏の再選は確実だが、
ナショナリズムとポピュリズムに頼る彼の政治手法からは、
再強国化への展望がみえてこない。

慶應義塾大学名誉教授
横手慎二《よこて しんじ》
一九五〇年生まれ。東京大学大学院社会学研究科博士課程単位取得退学。在ソ連日本大使館専門調査員、佐賀大学助教授、慶應義塾大学教授などを経て現職。著書に『現代ロシア政治入門 第2版』『スターリン』『日露戦争史』など。

三月に大統領選挙を控えた昨年一二月六日、プーチン大統領がようやく立候補を表明した。再選を危ぶまれる要素があるわけでもなく、本来はもっと早い時期に表明されてしかるべきであった。プーチン氏自身、二〇一五年後半あたりから地方の地盤固めなど大統領選挙に照準を合わせた政治運営を行っており、その意味でここ一、二年の彼の政治決断は、すべからく再選戦略の一環という要素を持っていたといっても過言ではない。

そうであるならば、なぜ正式の出馬表明がかくも遅れたのか。実質的な対抗馬のいない余裕のなせる業かといえば、そうではない。本来華々しく行われるべき立候補表明に見合うだけの「実績」を、彼は持ちえなかったのだ。プーチン大統領の目標は、単なる再選ではなく、高い投票率の下での、他の候補者を寄せ付けない勝利である。その目論見を裏打ちするような成果を見出せないのである。

実績が乏しい経済

メドベージェフの「後任」として再び大統領職に就いた二〇一二年、プーチン氏は国民に向けて経済を良くし、賃金を上げ、暮らしをよくすると約束したが、五年経ってもその成果は現れていない。長期にわたる油価の下落が石油頼みの経済を直撃したことに加え、クリミア併合による欧米からの経済制裁が効いている。

にもかかわらず、国民に対しては、インフレの鎮静化や名目の賃金や年金の引き上げといった経済指標を駆使しながら、ロシア経済が上向きだしたと「成果」を主張している。生活実感と乖離した経済指標に対して、記者会見でも「その数字が与える印象は正しくないのでは」との指摘が出た。プーチン大統領の答えは、「二〇〇〇年当時と比べてみてくれ、ロシアはこれだけよくなったじゃないか」というものである。もはや一九九〇年代の混乱の時代と比較するしか術がないのである。しかし、世界銀行が試算したここ一、二年のロシアのGDP成長率は、一・八%にとどまると予測されている。一部のインテリは、これでは世界経済の発展からますます取り残されると指摘している。

「クリミア頼み」の構造は変わらず

外交面ではどうだろう。わずか一年前には、トランプ政権が対ロ外交で大きく舵を切り、米ロ関係が劇的に改善する——すなわち、クリミア問題の手打ちと段階的な制裁解除が進む——との期待が高まっていた。ロシアからみても、シリア、イラン、北朝鮮、テロリズムなど、取引材料は揃っていた。さらにいえば、対米関係だけではなく、プーチン大統領の期待は、欧州の反EU感情、英国のブレグジットに象徴されるような、反グローバリズムのうねりに向けられていた。欧米モデルの民主主義政治を一部の者の押し付けだとして拒否し、国家主権の再評価を掲げ、実質的に軍事大国間の力関係で世界を動かしていくというのがプーチン大統領の外交である。トランプ大統領とはこれらの点で協調できる、そう考えていたふしがある。

しかし現実は、少なくとも昨年四月ごろには、アメリカでは議会に押されてトランプ政権による対ロ外交「転換」の芽はほぼ摘み取られた。プーチン大統領のトランプ氏個人への共感は残っているかもしれないが、八月には対ロ制裁法が成立するなど、米ロ関係は悪化したままである。また、欧州においてもフランスでマクロン大統領が誕生するなど、従来の欧州の姿に回帰する流れも生まれている。

そうなると、いまのプーチン政権の頼みは、クリミアやその他の地域で存在感を示し、国内のナショナリズムを掻き立てる、ということになる。欧米の制裁が続いてもなお、国民のクリミア併合あるいはウクライナ問題に関するプーチン政権への支持は圧倒的である。二〇一六年末の世論調査によれば、クリミア併合に対する評価を五段階で聞いたところ、「誇らしい」「やや誇らしい」と肯定的に答えた人の合計が八割を超えており、この傾向は今もまったく変わっていない。プーチン大統領にとって、国際的制裁を無視すれば、数少ない、文句のない政治的成果になっている。

なお、同じような軍事介入の事例であるシリアについては、国民の評価はけっして高くない。そもそも国民の中東への関心は低く、多くの国民は軍を派遣する意味があるのかと考えている。プーチン大統領は「テロリスト集団はロシアにとっても脅威だ」とか、「米国抜きでロシアは世界的紛争の調整役を果たせる」と作戦の意義を説明し、一定の理解を得てはいるが、他方で、シリアでロシア軍の若者が犠牲になったニュースは、一切報道されることがない。

ナバルニー氏の動向に注目

選挙である以上、対立候補の存在は不可欠である。今回の選挙で注目されるのは、ブロガーで社会的活動家のアレクセイ・ナバルニー氏である。二〇〇九年頃から政治家や高級官僚の汚職追及やプーチン批判で注目され始めたが、当局が彼の政治家としての「実力」を思い知ったのは、一三年九月のモスクワ市長選挙であった。

市長選に立候補を予定していた彼は、一二年に横領罪で起訴され、一三年六月には有罪判決が下されてしまった。しかし、奇妙なことに「政治的理由」で収監されずに立候補が認められた。そのときの選挙では、現職でプーチン側近のセルゲイ・ソビャーニン氏が五一％の得票を獲得して当選したが、ナバルニーは二七％の支持を得たのである。

欧米が注目した選挙だったので、当局側は民主的手続きの正当性をアピールするために立候補を認めたのだろうが、予想以上の善戦に慌てることになった。昨年三月に、メドベージェフ首相による不正蓄財の報道に怒った若者たちが全国でデモを起こした際にも、ナバルニー氏のメッセージがＳＮＳで共有された。ナショナリズムを掻き立てる主張もあり、リベラル志向のインテリには必ずしも好かれていないが、社会の閉塞状況に不満を抱く人々の中に、かなりの影響力を維持している

選挙委員会は昨年一二月の段階で、ナバルニー氏の大統領選への立候補申請を却下した。プーチン大統領もナバルニー氏の立候補を否定しているが、万が一「政治的理由」による特例を認めざるを得ない状況になれば、少なくとも都市部で脅威となる可能性が高い。選挙後の政局のためには、プーチン氏は大統領選挙において高投票率と圧倒的勝利という二つのハードルを越える必要があるが、それを越えられるかどうか、ナバルニー氏の動向にかかっている。

プーチン大統領の最大の課題は、国際社会から排除された状態でロシア経済の成長が可能か、という点にあろう。現状では外国投資は限定的で、技術移転も進んでいない。ロシア政府はクリミア半島とロシア本土をつなぐ橋梁の建設を計画中だが、制裁のために欧州の機材を使えず、いまだ完工できていないのが象徴的である。いったん国民の不満に火が付けば、どのような展開を見せるかわからないところがある。

現在でも、ごく少数の政治家や経済人が、欧米との関係改善なしにはロシア経済は好転しないと指摘している。さらに年金支給年齢の引き上げなど、財政的対応が必要だと警鐘を鳴らしている。企業人であれば、海外資産の凍結を恐れるのは当然であり、このままプーチン路線を続けて大丈夫かという不安も生じている。しかし愛国心がないのかと糾弾されれば、ロシアではそれこそ命とりだ。権力者と国民をつなぐ機関（政党やマスコミなど）が極度に弱い権力構造ゆえに、誰もポスト・プーチンを構想できず、ロシアの中長期的展望は不透明なままである。

アジア外交で存在感を示せるか

最後に、対アジア外交を展望しておきたい。ルーブルの切り下げにより、ロシアのドル建てGDPは英国の半分の水準まで下がっている。この状況で大規模な軍事活動を展開するのは困難である。常識的に言えば、シリアなど対外的な関与は縮小せざるを得ないのである。

欧米の経済制裁が続くなか、ロシアの貿易相手国は中国である。中国から投資資金でパイプラインや鉄道建設といった大規模プロジェクトが進んでいる。他方で「一帯一路」に飲み込まれる恐怖もある。昨年夏にプーチン大統領が打ち出した「大ユーラシア・パートナーシップ」は中国、インド、中央アジアを含む一大経済圏構想だが、ロシアと中国が両輪となって——言い換えれば、中国に過度に依存せずに——進めたいと彼は考えている。

北朝鮮問題についても、自らの発言権を確保して事態に関与したいと考えている。最近の北朝鮮に対するアプローチは、身動きしづらくなった中国を見据えてのものだろう。低いコストで高いパフォーマンスを、と言うプーチン大統領の外交観がよく表れているといえよう。

日ロ関係だが、安倍首相は大統領選後にロシアを訪問し、北方領土問題に道筋をつけたい意向のようである。ロシアはどこの国からでも投資を望んでいる。現時点ではビジネスの話が中心とならざるを得ないと考える。●

東欧の反リベラル同盟とEUの将来

――深まる東西対立と「メルケル後」の行方

ポーランド、ハンガリー、チェコ。これら中東欧諸国での「反リベラル化」は、経済危機や格差を引き金に、強権的でもグローバル強国でありたいとの思いが背景にある。西欧対東欧の対立はさらに激化するのか。

朝日新聞ヨーロッパ総局長
石合 力
いしあい・つとむ　一九六四年生まれ。八八年朝日新聞社入社。カイロ、ワシントン両特派員、政治部次長、国際報道部次長、GLOBE副編集長、中東アフリカ総局長、国際報道部長などを経て現職。著書に『戦場記者』。

二〇一八年の欧州は、連立政権交渉が長引くドイツの混迷で幕を開けた。昨年のフランス大統領選、ドイツ総選挙では欧州統合推進派が相次いで勝利したが、同時に反欧州連合、反移民・難民を掲げる右派ポピュリズム政党の支持も広がった。こうした政党がすでに政権を握るハンガリー、ポーランドなどの東欧諸国では、対外的に難民受入れを拒み、国内で強権的な手法をとる指導者の「反リベラル」を軸にした連携が進む。欧州連合（EU）が掲げる多元主義に異議を申し立てる東欧側の動きが強まれば、EU内部の西欧対東欧の対立がさらに深刻化しかねない。ハンガリーのオルバン首相は、今年が欧州内で価値観をめぐる「大きな対立の年（year of great battles）になる」と予言する。難民の受け入れに寛容な姿勢を示し、欧州統合のリーダー役を自他ともに任じてきたドイツのメルケル首相の影響力が低下するなか、「メルケル後」も視野に欧州の方向性を占う年になるだろう。

結束固める中東欧三カ国

「われわれ両国のように、思いを同じくする国が欧州の将来にいい影響を及ぼせると信じる」

年明けの一月三日、ポーランドのモラウィエツキ首相はハンガリーの首都ブダペストを訪問し、同国のオルバン首相との連携を表明した。ＥＵに懐疑的で難民受け入れに反対する保守系与党「法と正義（Ｐ・ｉ・Ｓ）」のモラウィエツキ氏は、シドゥウォ前首相が昨年一二月、政府の司法介入を可能とする法案などをめぐってＥＵの反発を引き起こし、辞任したことで副首相から首相に就任した。

就任後初の首脳会談にオルバン氏を選んだのは、その司法介入問題で支持を取り付けるためだ。Ｐ・ｉ・Ｓは、二〇一五年の総選挙で上下両院ともに過半数を握り、八年ぶりに政権につくと報道や司法への介入を強化。ＥＵ側の警告にもかかわらず「司法をエリートから国民の手に取り戻す」として、政権の意向で裁判官を選べるようにする改革などを進めてきた。これに対し、ＥＵの行政機能を担う欧州委員会はモラウィエツキ氏の就任後、ポーランド政府の進める司法制度改革が権力の乱用を防ぐ「法の支配」に反するとして、ＥＵ理事会で同国の議決権を停止する手続きを始めた。ただ、実際に停止されるには全加盟国が「ＥＵの基本的な価値が重大かつ継続的に侵害されている」と認定する必要がある。

ポーランドとハンガリーにチェコを加えた中東欧三ヵ国は、加盟国で決めた難民受け入れ負担の義務を果たしていないとして、ともに欧州委からＥＵ司法裁判所に提訴されている。治安の悪化や難民の流入加速などを理由にＥＵが進める難民受け入れ政策に強く反発するハンガリーのオルバン氏は、モラウィエツキ氏との会談後、キリスト教文化を守ることが欧州を強める唯一の道だなどと主張。今年が多文化の価値観を掲げる西欧との「大きな対立の年」になると発言した。ポーランドにとって、難民受け入れ問題で「思いを同じくする」ハンガリーからの支持を取り付けることは、議決権の停止回避にとって重要な意味を持つ。

中東欧三ヵ国はいずれも八九年の民主化革命後に親西欧路線を取り、九九年に軍事同盟の北大西洋条約機構（ＮＡＴＯ）、二〇〇四年にＥＵに加盟した。だが、ここ数年、司法やメディアへの介入、難民受け入れの拒否などでＥＵが重視する価値観との立場の違いが鮮明になっている。

反西欧、反リベラルの背景

中東欧三国が親西欧路線から右派ポピュリズムへと転じた背景は何か。反移民・難民での過激な言動で知られるオルバン氏が自ら指摘するのは、二〇〇八年の世界経済危機（リーマン・ショック）だ。オルバン氏は、一四年の会合で、この危機がもたらした変化について、二つの世界大戦や冷戦崩壊後の東欧革命に匹敵すると位置づけ「自由民主主義国家ではグローバルな競争力を持てない」と指摘。「今日、世界は、西欧でもリベラルでも、さらには民主主義でもないシステムが成功していることを理解しようとしている」と語り、ロシア、中国、インド、トルコ、シンガポールなどの国家を成功の具体例に挙げた。

EUの枠組みでさまざまな規制にしばられ、グローバル化の荒波をまともに受けるよりも、国家の権限を強めながら、経済発展を実現する「反リベラルな強権国家」の方が自国の利益にかなうとの考え方だ。一〇年から政権を握るオルバン氏は、経済外交を重視し、ロシアやアジアなど、EU域外との経済外交を強化する。中国主導のアジアインフラ投資銀行（AIIB）にも加盟した。

同時に自国の競争力を高めるためであれば、司法やメディアへの介入も許されるとの考え方にも結びつく。ハンガリー生まれの著名投資家ジョージ・ソロス氏がかかわる人権問題などの非政府組織（NGO）に対し、「ハンガリーの移民政策を変更させようとしている」などと批判したうえで、情報機関による監視を明言するなど、締め付けを強めている。

経済発展で欧州内の後発組にあたり、先進地域との格差に敏感な中東欧諸国の民衆にとって、こうした主張や難民排除の姿勢は魅力的に映るのだろう。EUや西欧諸国がオルバン政権の政策への批判や懸念を表明するなか、今年四月に予定されているハンガリー議会（一院制、定数一九九）選挙では与党ハンガリー市民連盟（フィデス）が優勢で、オルバン首相の続投が現実味を増している。

司法制度改革をめぐり、EUが「法の支配」に反すると批判を強めるポーランドもEUに懐疑的で、難民受け入れに反対する。現与党のPiSが一五年の大統領選、総選挙でいずれも勝利。上下院でともに単独過半数を握り、八九年の民主化後初めて一党単独政権となった。同総選挙で下野したリベラル中道右派で親EUの「市民プラットフォーム（PO）」のトゥスク元首相は現在、EUで大統領に相当する常任議長を務める。昨年、二〇一九年一一月末までの再任を決めた際には、POとPiSとの対立から、出身国ポーランドが反対し、異例の多数決となった。四九歳と若い新首相モラウィエツキ氏の起用は、一九年の総選挙勝利に向けた布石との見方もある。

チェコでは、昨年一〇月の総選挙で「チェコのトランプ（米大統領）」と呼ばれる実業家アンドレイ・バビシュ氏が率いる中道政党「ANO2011」が連立与党の第二党から第一党に躍進した。ANOは汚職追放と既成政治打破を掲げて二〇一二年に結成された新興政党。二位には、中道右派・EU懐疑派の市民民主党で、反イスラム・反EUを掲げる日系人トミオ・オカムラ氏が率いる右翼政党「自由と直接民主主義」(SPD)が一〇%を超す得票で躍進した。選挙運動中、EU離脱を掲げたオカムラ氏は選挙後、「チェコのイスラム化を阻止し、移民の完全な拒絶を進める」とも語り、不寛容な姿勢をあらわにした。

一月下旬に決選投票が実施される大統領選では、第一回投票で首位だった現職のゼマン氏と二位のドラホシュ元チェコ科学アカデミー総裁が争う。ゼマン氏は親ロシア・中国の姿勢。ドラホシュ氏はEU重視を掲げる。

三ヵ国の政権や議会が「反EU、反移民・難民」で足並みをそろえ、国内で強権的な対応を取れば、EU内での東西対立がますます顕在化しそうだ。六八年に旧チェコスロバキア（現在のチェコとスロバキア）で起きた反ソ連の民主化運動「プラハの春」から半世紀に当たる今年、東欧の行方は欧州を揺るがす大きな波乱要因になるだろう。

西欧でのポピュリズム台頭とドイツ連立交渉の混迷

排外主義的な右派ポピュリズム政党の台頭は、東欧だけのものではない。昨年五月のフランス大統領選では、右翼・国民戦線（FN）のルペン党首が決選投票に残った。同九月のドイツ総選挙では、反イスラム、反移民を公然と訴える新興右翼政党「ドイツのための選択肢（AfD）」が一二・六%の支持を集め、初の議会進出で第三党に躍り出た。ナチスの台頭を招いた過去を踏まえ、支持率五%未満の少数政党の議席を認めてこなかった戦後ドイツで、AfDが台頭したことの衝撃は大きい。議会に足場を得た右翼政党が次に目指すのは政権入りだ。

昨年一二月のオーストリア総選挙では、中道右派の国民党が、難民排除を掲げる右翼自由党との連立で合意し、右翼政党が政権入りした。各国の議会で右翼政党が一定の議席を得るなか、彼らを排除した形での連立政権づくりが難しくなっていることを印象づけた。

ドイツで総選挙後の連立協議が難航した最大の要因もAfDだ。AfDの躍進でともに得票を減らしたのが、第一党のキリスト教民主同盟（CDU）と、第二党の連立与党、社会民主党（SPD）。SPDが当初、連立の維持に難色を示すなか、CDUのメルケル首相にとって、AfDの政権入りを防ぎつつ多数派の連立を組むには、自由民主党（FDP）と緑の党の組み合わせしかなかった。これが決裂したことで、SPDとの再連立か、再選挙かの瀬戸際になっている（一月二〇日現在）。

SPDとの大連立に踏み切れば、AfDは最大野党となり、発言力がさらに増すことになる。再選挙になれば、現有よりさらに議席が伸びるとの見方もある。

筆者は昨年九月、総選挙の遊説先でAfDの筆頭候補だったアリス・バイデル氏にインタビューした。米金融機関ゴールドマン・サックスに勤務した経歴を持つバイデル氏は「経済政策では自由主義を取り、所得税の減税を求めている。われわれは『リベラルな保守政党』だ」と主張する。二〇一三年にできた同党は当初、反EUを中心とする経済政策を主に掲げていたが、一五年にドイツに八九万人規模の難民が流入した事態を踏まえて、主張の軸足を反移民・難民や反イスラムに移し、支持を拡大してきた。バイデル氏は、ドイツ社会でイスラム教徒が宗教的な権利の拡大を求める動きを「あからさまなジハード（異教徒への聖戦）」と批判。「国境管理の不備でわれわれは移民や難民による犯罪率の増加に直面している」などと主張した。

排外的な主張に共鳴する支持者を取り込みつつ、経済面でリベラル保守を掲げることで、既成政党に不満を持つ層の支持も取り付ける狙いがあるのだろう。議会第一、二党が大連立するドイツの構図では、既成政党に不満を持つ有権者の受け皿が新興政党しかないという状況も生じる。

投票日の直前、ミュンヘン中心部の広場で演説したメルケル首相の集会では、与党CDUと統一会派を組む地域政党バイエルン・キリスト教社会同盟（CSU）の支持者や市民の回りを右翼の支持者らが取り囲み、騒然となった。「民主主義や市民社会を守るためにもCDUに投票する」という三〇代のカップルがいる一方、七〇代の年金生活者は「長年、社会民主党の支持者だったが、彼らに対する不満を込めてAfDに投じる。AfDの排外的な政策を支持しているわけではない」と筆者に話した。

多速度の欧州は可能か

「私たちの連合は、自由や尊厳、民主主義、独立が、夢ではなく日々の現実であることを保障している」

昨年三月、欧州連合（EU）の原点となったローマ条約の制定六〇周年を祝う式典で、トゥスク首脳会議常任議長（ポーランド出身）は、統合の意義を強調した。各国首脳とEU首脳が署名した共同宣言は、「われわれは、より強力な結束と連帯によって、EUをより強く、弾力性のあるものにする」と誓った。

一昨年六月の英国のEU離脱（ブレグジット）国民投票

の後、離脱の動きは他国には波及していない。ただ、反EUの右派政党が各国の議会内で一定の勢力を占めるなか、「統合の危機」は残ったままだ。この宣言で「われわれは可能な時、必要な場合はいつでも、異なる速度と強さでともに行動する。また、後から加わることを希望する国に門戸を開く」として、統合の「速度の多様化」を容認する文言も盛り込んだ。

米ピュー・リサーチセンターの調査では、欧州主要一〇ヵ国（ドイツ、フランス、英国、イタリア、スペイン、ギリシャ、ポーランド、スウェーデン、オランダ、ハンガリー）のEUへの支持率を二〇一〇年から一七年の間で比較したところ、イタリアを除く九ヵ国で一六年より支持が上昇。上から順にポーランド（七四ポイント）、ドイツ（同六八）、ハンガリー（同六七）だった。

一昨年六月の英国のブレグジット国民投票や、トランプ米大統領が引き起こす混乱、各国で高まる排外主義への懸念が一定の「歯止め」になったとの見方もある。昨年三月のオランダ総選挙では、第一党の勢いだった極右の自由党（PVV）の議席獲得が予想を大幅に下回った。

ただ、中東欧の政権が今後、ポピュリズム的な手法でEUとの対決構図を強めた場合、現時点ではEUへの高い支持を持つポーランドやハンガリーの支持率に変化が出るかどうか。一方、同じ調査のなかで、EUでの決定に対するドイツの影響力について、「持ち過ぎている」（四八ポイント）が「適切」（三九ポイント）を上回った。連立交渉の難航でメルケル首相の指導力に陰りが見えるなか、統合の維持や強化にとって、それが吉と出るか凶と出るかはまだ見通せない。

最後に、日本の中東欧諸国への関与についても触れたい。日本は、ハンガリー、ポーランド、チェコ、スロバキアでつくる協力の枠組みV4（ヴィシェグラード4）について、民主主義、法の支配、人権、自由及び市場経済といった普遍的価値及び原則を共有する重要なパートナーとみて、「V4＋日本」で首脳、外相級の協力を進めてきた。この対話を維持し、民主主義や法の支配、人権などがEUだけでなく、日本にとっても普遍的な価値であることを強調していくべきだろう。

冷戦時代、旧ソ連の支配を受けたV4は、日露戦争に勝利した日本への尊敬の念があるうえ、音楽や映画、マンガなど文化面での関心から親日度が高い。政治外交や文化を通じた包括的な関与を通じて、V4に責任ある行動を促すことは、EUだけでなく日本にとっても国益となる。●

アフリカ開発と日本外交

――第七回アフリカ開発会議（TICADⅦ）に向けて

二〇一六年、アフリカ初開催のTICADⅥ。昨年はフォローアップ閣僚会合も行われた。一九年の横浜開催に向けた課題は何か。開発、経済成長、治安や紛争対応などの課題の洗い出しと問題の整理を試みる。

東京大学教授

遠藤 貢

えんどう みつぎ 一九六二年生まれ。九三年英ヨーク大学大学院南部アフリカ研究センター博士課程修了（D.Phil.）。東京大学助教授などを経て現職。著書に『崩壊国家と国際安全保障 ソマリアに見る新たな国家像の誕生』、共著書に『シリーズアフリカ潜在力 武力紛争を越える』など。

第七回アフリカ開発会議（TICADⅦ）は、二〇一九年に横浜市で開かれることが昨年六月に発表されている。TICADの三年ごとの交互開催が実施されるようになって初めての日本開催にあたり、今年は準備を行うとともに、アフリカの近年の変容と課題を整理して、日本としての対アフリカ外交を再検討すべき重要な年という位置づけが与えられることになろう。

TICADⅥとその後

初めてアフリカで開催された第六回アフリカ開発会議（TICADⅥ）は、二〇一六年八月二七、二八日の両日にケニアの首都ナイロビで行われた。その際、「ナイロビ宣言」「ナイロビ実施計画」を採択してから一年半ほどの歳月が流れている。そこで提起されたのが、以下に示す三つの課題であった。

その第一が資源のみに依存しない、経済の多角化・産業化を通じた経済構造改革の促進であり、「質」を重視したインフラへの投資や人材育成に焦点を当てた分野である。第二に、質の高い生活のための強靱な保健システム促進であり、ユニバーサル・ヘルス・カバレッジ達成に向けた基盤構築への協力体制を強化することである。そして第三に、繁栄の共有のための社会安定化促進であり、治安上の不安に包括的に対応することへの関与である。現実的には、それぞれの柱に含まれる内容はきわめて多岐にわたり、また今後三年間で官民総額三〇〇億ドル規模の投資を行うことも表明されたことから、その着実かつ整合的な政策実行が求められるものであった。

また、この際の安倍首相の基調講演に婉曲的に示されたように、「日本は、太平洋とインド洋、アジアとアフリカの交わりを、力や威圧と無縁で、自由と、法の支配、市場経済を重んじる場として育て、豊かにする責任を担」うと表現する形で、「インド太平洋新戦略」という外交戦略を打ち出す背景には、この地域に積極的な進出を進めている中国を明確に意識する姿勢がにじみ出ていた。二〇〇八年のＴＩＣＡＤⅣ以降、日本の対アフリカ外交においては常にアフリカにおいて先行する中国の存在が意識されてきた。アジアにおける中国の海洋進出をめぐる課題を、アフリカを介した外交戦略に投影している点は、アフリカという地域を日本外交の戦略の中に位置づけ直す取り組みがなされたと評価できる。また、ＴＩＣＡＤⅥの際に安倍首相が演説や各国首脳との会談において、日本の国連安全保障理事会常任理事国入りへのアフリカからの支持を得ながら、国連改革に向けたアフリカ諸国との連携を積極的に求め、その上で明示的に改革を問題提起したことも、ＴＩＣＡＤという、本来アフリカ開発を主たるアジェンダとするはずの会議の場を介して日本の外交戦略の提起される場として、アフリカが位置づけ直されることを強く印象づけるものでもあった。

ＴＩＣＡＤⅥ開催から約一年後、一七年八月二四、二五日に、モザンビークの首都マプトでＴＩＣＡＤⅥのフォローアップ会合としての閣僚会合が開催された。ここでも河野太郎外務大臣がその開会スピーチにおいて、日本の対アフリカ外交の姿勢として、ＴＩＣＡＤⅥにおける安倍首相の基調講演の内容を確認する形で、最も躍動する力にあふれ、前途有望なアジアとアフリカの二大陸をつなぐ「自由で開かれたインド太平洋戦略」に言及し、航行の自由といった国連海洋法条約に反映されている原則を含む国際法の諸原則に基づく、自由で開かれ、ルールに基づいた海洋秩序を維持することは、世界の平和と安定、そして繁栄の礎であることに触れている。そして、そのためにも質の高いインフラ投資を通じたアジアとアフリカの連結強化の重要性を改めて指摘している。

開会スピーチ後に開催された三つの全体会合では、第一にＴＩＣＡＤⅥ以降の進捗状況概観、第二にアフリカの成長のための経済改革、第三に人間の安全保障および強靭な社会の促進、が取り上げられた。進捗状況概観では、TICADⅤ（一三年）以降の取り組みについて、総額が二六七億ドルに達していることが紹介されているものの、TICADⅥで約束された投資については明示的に示されておらず、実現が厳しい状況にあることがうかがえた。第二の会合ではナイロビで示された第一の課題に対応する形で「ABEイニシアティブ」を通じた人材育成や政府系機関による民間企業のプロジェクトへの融資等の進捗が示され、第三の会合ではナイロビでの第二、第三の課題に対応する、日本の具体的な取り組みの現状が示された。

2016年8月、初のアフリカ開催となったTICAD Ⅵで発言する安倍首相。
左は開催国ケニアのケニヤッタ大統領（AFP＝時事）

開発課題と「開発モデル」

マクロで見れば、アフリカ（ここではサブサハラアフリカ）は、資源価格の高騰に牽引される形で、二〇〇〇年代半ばから一〇年代初頭にかけて年平均六％ほどの経済成長を遂げてきた。しかし、国際通貨基金（IMF）によれば、二〇一六年のアフリカ諸国のうち石油輸出国の経済成長はマイナス一・五六％とマイナス成長に転じ、アフリカ全体でもわずか一・三七％にとどまったほか、一七年は二・六四％、一八年も三・三八％の成長にとどまる見通しが示されている。その意味では、今世紀に入ってアフリカの経済成長を牽引してきた、資源輸出に依存した経済成長のモデルは限界を迎えているということでもある。

その一方で、アフリカの人口（全五四ヵ国、人口約一二億五六〇〇万人）は年間二・七％前後で増加しており、国連の新しい推計によれば、このままの水準で行けば、二〇五〇年にはほぼ倍増して二五億人に達し、さらに今世紀末には四〇億人を超える「人口爆発」が予測され、中国とインドを含めたアジアの人口規模と拮抗する状況が生まれるともされている。従って、経済成長率も人口増加率を超える水準で増加しなければ、一人あたりの所得は増えないことになる。こうした出生率の高い国では、教育機会や雇用創出などの政策に加え、安全な水へのアクセスや安定的な食糧供給がきわめて重要な課題となり、こうした政策を併用していかなければ、「人口爆発」はアフリカにおける貧困削減を解決困難にする可能性が高くなる。

さらに国連の試算によれば、アフリカからの経済協力開発機構（ＯＥＣＤ）諸国への移民が急速に増大する可能性も指摘されている。そこで懸念材料として指摘されるのは、経済格差の拡大である。アフリカの多くの国ではジニ係数が高止まりする状況が指摘されており、例えば、アフリカにおける経済大国の一つである南アフリカでは、一九九三年のジニ係数は〇・五九であったが、二〇一三年では〇・六三まで上がっており、格差は拡大傾向にある。

農業と製造業が牽引する経済成長

最新データに基づく世界銀行の報告によれば、必ずしも鉱物資源に依存していないコートジボワール、エチオピア、ケニア、マリ、ルワンダ、セネガル、タンザニアの七ヵ国は内需に支えられて景気回復を続けている。これらの国々のＧＤＰは二〇一五～一七年にかけて年率五・四％を超える伸びになると見込まれるなど、インフラ投資、堅調なサービス・セクター、農業生産高の回復に支えられる形で、力強い伸びが続くと見られている。とりわけこの傾向は、エチオピア、セネガル、タンザニアにおいて特に著しいとされる。

これらの国で特徴的な傾向としては、農業と製造業の成長という点に見いだすことができる。人口約一億人を擁する「最貧国」の一つであるエチオピアに関しては、良質で廉価な労働力を目当てにした中国などのインフラ投資などの政策がその背景にある。

こうした堅調な経済成長と良好なガバナンスに支えられる形で、援助関係者の間で高い評価を得ている国の一つに数えられるルワンダに関しても、「アフリカの奇跡」とも言われる「良好」な経済運営が行われていることが、先のデータにも示されている。一人あたりの名目ＧＤＰは、一九九九年の二六三米ドルから、二〇一六年には七二九米ドルにまで上昇しているほか、貧困層の割合も今世紀初頭から約一〇年間の五八・九％から四四・八％に約一四ポイントもの減少が見られている。ただし、先にも挙げたように経済格差は拡大傾向を示しており、二〇〇〇年に〇・四六だったジニ係数は一三年には〇・五〇に上昇している。他方、世界銀行ガバナンス指標に照らしても、政治的安定性と暴力の不在、政府の有効性、規制の質、法の支配に関しては、改善傾向が顕著に見られるほか、他の途上国に比べても一定の水準を達成していると見ることができる。

その指標上、唯一低いレベルにとどまっているのが、いわゆる民主化と関わる「国民の声と説明責任」の指標であり、国民の政治参加（自由かつ公正な選挙など）、結社の自由、報道の自由の度合いを計る指標である。その意味において、大虐殺後、今に至るルワンダは、西側ドナーが冷戦後の早い段階で望んだ形での民主主義を実現していたわけではない。ここには、援助実践における民主主義の価値への揺らぎが見える。

アメリカの政治哲学者であるウェンディ・ブラウンはこれに関連する問題について、「民主主義だけではなく、正義の性質そのものについての論争もまた、グッド・ガバナンスの今日的規範によって、そしてガバナンスを問題解決と連携させる動きによって、取って代わられる」とし、新自由主義時代におけるガバナンス概念によって、民主主義が純粋に手続的なものに再定式化されていくことへの注意を喚起している（『いかにして民主主義は失われていくのか』）。こうした観点から解釈すれば、ルワンダの事例は新自由主義時代に適合したガバナンスに担保されたモデルとして、今日的な援助の潮流の中で許容される「新自由主義的平和」とも捉えられる実践として、評価可能とも考えられる。

治安課題・紛争対応への課題

ＴＩＣＡＤⅥでも打ち出された「繁栄の共有のための社会安定化促進」と「治安上への不安への包括的対応」という問題には、引き続き留意していく必要がある。近年のアフリカにおける治安課題としては、暴力的過激主義（いわゆるテロ）を手段とした武装勢力の動向がさらなる懸念材料となっている。アメリカの政治学者スコット・ストラウスは、こうした勢力を「カウンター・システム」的な反乱勢力として提示しているが、その例として挙げられるのは、アルジェリア南部、マリ北部での活動が知られている「イスラーム・マグレブのアル・カーイダ」（ＡＱＩＭ）、あるいは、ソマリアのイスラーム主義勢力アッシャバーブ、そしてボコ・ハラムなどである。ストラウスは、同様の勢力について移動型反乱勢力という表現も用いているが、越境を繰り返しながら複数の国の治安部隊と交戦したり、民間人への攻撃や誘拐を行う活動を特徴としている。こうした「カウンター・システム」的な反乱勢力は、その活動が比較的小規模であると同時に、強いイデオロギーを有するために、その活動を完全に封じ込めたり、交渉による問題解決が困難な傾向がある。

近年、こうした紛争主体に対してアフリカ連合が採用しているのが「タスクフォース型」と特徴づけられたミッションである。これは、新しい紛争主体を殲滅することを主たる目的としてアドホックに設立・実践されてきた。具体的には「神の抵抗軍」（LRA）に対応する上で、ウガンダ、コンゴ民主共和国、スーダン、中央アフリカなどのLRAの活動が行われてきた地域の多国籍軍により設立された地域協力イニシアティヴ（RCI－LRA）にその起源を持つ。RCI－LRAは、LRAの残虐行為により被害を被った国々における軍事作戦能力を強化するとともに、その地域の安定化を図ることを目的とするものであった。そして、このタスクフォースの要素は、ボコ・ハラムに対応する形でその活動領域であるナイジェリア、チャド、ニジェール軍から構成されている多国間共同タスクフォース（MNJTF）に継承されている。しかし、こうしたミッションは、短期的な脅威の排除という観点からは一定の評価ができるが、非常に「攻撃的」かつ「軍事化」された対応である。

TICADⅦに向けた日本の対応は

日本としては、治安状況が悪化して自衛隊撤退の判断をせざるを得なかった南スーダンの国連平和維持活動の次の可能性を考慮しながら、「積極的平和主義」を掲げつつ、アフリカの紛争課題に取り組む方向で国際平和活動への参加と貢献を模索したいところではある。こうした貢献の先に、TICADという枠組みの中で模索を続けてきた国連改革への道筋をつけることになるからでもある。

しかし、近年のアフリカにおける紛争は、従来の平和維持活動で対応可能な枠組みに収まらない様相を呈しており、短期的には新たな平和維持活動の派遣先を探す余地はきわめて少ない現実がある。したがって、紛争予防など従来からの取り組みを継続する形で、紛争対応という課題設定とは異なる観点から、息の長い開発支援を継続して実施することが、より現実的な対応とならざるを得ないであろう。●

苦悩する中南米の左派政権

——ポピュリズム、キューバ革命から退潮までの一世紀

中南米の左派は、国家形態と裏腹の存在。資本主義や生産手段、貿易の発達形態の違いが大衆的基盤政党からキューバ型革命政党まで時代ごとに異なる顔を生んできた。その興隆から退潮までを大きく俯瞰する。

京都大学教授
村上勇介
むらかみ　ゆうすけ　一九六四年生まれ。筑波大学大学院地域研究研究科修士課程修了。在ペルー日本国大使館専門調査員、国立民族学博物館助教授などを経て、二〇一八年より現職。博士（政治学・筑波大学）。専攻はラテンアメリカ地域研究。著書に『フジモリ時代のペルー』、編著書に『二一世紀ラテンアメリカの挑戦』など。

2017年12月4日、キューバのカストロ前議長の埋葬から1周年を記念した行事が、サンティアゴの墓地で行われた（AP／アフロ）

中南米では、二〇世紀末から二〇〇〇年代にかけて、ベネズエラを皮切りにブラジル、アルゼンチン、エクアドル、ボリビア、チリなどで、左派勢力が政権に就く現象が広く見られた。それは、「左傾化」や「左旋回」などと呼ばれる。中南米二〇ヵ国のうち、一時は一五ヵ国に達するなど、過半数以上の国に左派政権が存在した。ところが、二〇一〇年代に入ると、左派勢力が政権の座を追われるようになり、今日、左派政権が残っている国は少数派となっている。

ここでの左派とは、一九七〇年代以降に中南米に浸透した、国家の役割を縮小して市場経済の原理を徹底させる新

自由主義（ネオリベラリズム）を批判し、その修正や見直しを求める勢力である。過去二〇年ほどの間に、中南米でなぜ左派が台頭し、その後退潮したのか。まずは、今日の左派勢力を歴史的に位置づけるため、中南米における左派の展開について簡単に振り返る。

左派勢力台頭とその系統

歴史に登場した順に、中南米の左派には、主として、マルクス主義系の社会主義勢力、ナショナリズムを基盤とするポピュリズム勢力、一九五九年に起きたキューバ革命に刺激された武装闘争勢力ならびに「新しい左派」、一九六〇年代から七〇年代にかけて中南米を席巻した軍政に対抗し民政移管を進めた民主化勢力などがある。

世界の他の地域と同様に中南米においても、政治面とともに社会経済面でも平等化を進める社会改革を目的とする左派勢力が現れるのは、マルクス主義やナショナリズムの思想が伝播した一九世紀終わりから二〇世紀初めにかけてである。この頃の中南米は、大英帝国の覇権の下で欧米において世界資本主義経済が発展し、欧米向けの鉱物資源や農産品など第一次産品の輸出ブームに沸いていた。ブームを受けて輸出業者や金融業者が台頭し、大土地所有者や軍人などの伝統的な勢力とともに、排他的な少数の支配エリートとして中南米を支配していた。こうした支配を寡頭支配と呼ぶ。一九世紀初頭の独立後も、植民地以来の白人系の少数の伝統的なエリートが政治・経済・社会全体を支配する寡頭支配が続き、近代化とともに中間層が徐々に増えたものの、国民の大多数が貧困に喘ぐ深刻な格差構造が植民地時代からの負の遺産として中南米を覆っていた。そうした状況を変革しようとする勢力が一九世紀から二〇世紀への転換期前後に出現したのである。

この頃現れたのは、マルクス主義の影響を受けた共産党や社会党などの勢力のほか、ナショナリズムを基盤としてさまざまな階層の糾合を唱える改革主義勢力も生まれた。アルゼンチンのペロン党やペルーのアプラ党などが代表的で、大衆に基盤を求める勢力という意味で「ポピュリズム」と呼ばれる。一九三〇年代以降にポピュリズム勢力が政権に就く国もあったが、深刻な格差構造にメスを入れるまでには至らなかった。

一九五九年のキューバ革命は、「米国の裏庭」であったはずの中南米において社会主義政権が誕生したことで世界に衝撃を与えたが、中南米の左派勢力にも影響を及ぼす。一方で、武装闘争による革命を標榜する左派勢力を勢いづけた。そのほとんどは、キューバ革命に危機感を抱いた米国の支援を受けて多くの中南米諸国で成立した軍事政権によって抑えられるが、一九七九年にはニカラグアで「第二のキューバ革命」が起きた。他方でキューバ革命は、伝統的な共産党や社会党などとは異なった改革路線を主張する左派勢力を生み出した。さまざまな傾向を持つ勢力が含まれるが、「新しい左派」と一括できる。

この頃誕生した左派勢力の変わり種としては、比較的工業化が進んだブラジル、チリ、アルゼンチンなど南米南部と米国の影響をより直接的に受ける中米・カリブ海地域に挟まれたいくつかの国で登場した、改革主義的な軍事政権がある。主要産業の国有化や農地改革を進めた、ペルーのベラスコ政権（六八～七五年）やパナマのトリホス政権（六八～八一年）などである。

もう一つの主要な左派勢力の系統は、軍政に対する民主化の過程で現れた勢力である。後に大統領となるルーラに率いられたブラジルの労働者党が典型で、軍政に対抗する過程で形成された。また、軍政に対する過程では、共産党、社会党、「新しい左派」の一部、そして中間層を基盤とする伝統政党が連合組織を結成したチリや、武装闘争派勢力として出発しながら軍政に抑圧された経験から武器を捨てて合法路線に転換したウルグアイの拡大戦線など、軍政下では、それまでの左派勢力の糾合や刷新も見られた。

左派政権誕生と統治のメカニズム

それでは、なぜ二〇世紀終わりから今世紀初めにかけて中南米で左派政権が続々と誕生したのか。一般的には、それまで中南米を覆っていた新自由主義に対する反発が背景だと言える。ただ、「左傾化」の最初の例となるベネズエラでは、新自由主義に対する反発を遠景としつつ、エリート主義的かつ汚職問題でイメージを低下させた既存政党に対する不満が直接的な原因となった。

中南米では一九三〇年前後から六〇年代まで、ケインズ型福祉国家構築の中南米版ともいうべき国家主導型発展モデルが追求された。このモデルは、社会経済発展のための活動を国家が積極的に展開することを前提としているが、中南米は他の地域に比べると工業化の程度が低く、独自の国家財源には限りがある。そこで、海外投資を呼び込むとともに対外債務によって経済社会発展の原資を得ようとした。国家主導型発展モデルは、民政、軍政を問わず、約半世紀にわたり試みられた。だが、経済構造を大きく変革することはなく、その結果、巨大な対外債務が累積し、ハイパーインフレに悩まされ、七〇年代には同モデルが限界に達したことが明らかとなった。国家財政の破綻であり、それを克服するために、七〇年代以降、中南米に新自由主義が広まった。国家再建にむけて国際金融社会の協力を得るため、新自由主義の推進を約束したのである。

新自由主義は、ハイパーインフレを抑え、経済を安定化させるとともに発展基調へと戻した。その一方、経済社会面での向上は放置された。例えば、伝統的な格差構造は、拡大する結果となった。一九九〇年代、中南米は世界で最も格差が大きい地域となった。国連大学の世界所得格差データベースのジニ係数（ゼロが最も平等、一〇〇が最も不平等）を平均すると、中南米のジニ係数は八〇年代に四八だったが、九〇年代には五一へと増加した。また、九〇年代の他の地域のジニ係数の平均は、西欧三一、東欧三〇、アジア・太平洋・インド三七、中東四〇、アフリカ四九で、中南米よりは低かった。こうした新自由主義が積み残した経済社会問題の深刻化に対する反発として、左派が勢力を拡大し、政権に就いたのであった。

今世紀に入って台頭した中南米の左派勢力の出自は、前述のさまざまな段階で誕生した左派か、それを受け継いでいる勢力である。チリでは軍政下で結成された中道から左派までの連合組織が母体となったし、ウルグアイでは軍政を経て武装闘争路線を放棄した勢力が政権を握った。革命が起きたニカラグアでは、下野した革命勢力が政党となって政権復帰した。ブラジルでは、軍政下で誕生した勢力が権力の中枢に入った。最近の「左傾化」の先鞭をつけたベネズエラでは、ペルーやパナマなどの改革主義的な軍政に感化されたウゴ・チャベスが主役となった。

多様な起源をもつ近年の中南米における左派勢力であるが、より注目されるのは、大きく急進派と穏健派の二つに分かれる点である。急進派は、新自由主義を強く批判し、その全面的な見直しを主張するのに対し、穏健派は、財政均衡など新自由主義路線のマクロ経済レベルでの原則を維持しつつ、社会政策の拡充を提起する。急進派は、ベネズエラ、ボリビア、エクアドル、ニカラグアなどが、穏健派は、ブラジル、チリ、ウルグアイなどが代表である。また両者の中間に位置するアルゼンチンのようなケースもある。

急進派と穏健派とに分かれた原因は、新自由主義の導入時期とそれに対する政党政治のあり方の違いにある。穏健派が勝った国では、新自由主義が、民主化前の軍事政権や権威主義体制の下でかなりの程度浸透していた。そして、民政移管の移行の過程では、後に新自由主義に対する批判の受け皿となる左派政党が、民政移管推進勢力の一部として地歩を固め、移管後は議会に一定の勢力を確保することに成功した。そうした左派政党が、一九九〇年代末からの新自由主義に対する批判が高まった際に、穏健左派勢力として新自由主義に対する不満の受け皿となった。

これに対し、急進左派の台頭が観察された国では、民政移管後（また一九五〇年代末から二大政党制が続いてきたベネズエラではその政党政治の中で）、かなりの程度の新自由主義を推進する必要性に迫られた。政党政治が、その課題に直面したのである。そして、新自由主義の進展が一段落しそれに対する不満や批判が拡大し始めた時、そうした不満や批判の受け皿となる左派政党は存在しなかった。そうした国では、左派政党は、国家主導型発展モデルの残滓の中で新自由主義実施の前までに衰退ないし政治力を低下させる（ボリビア、ニカラグア）か、新自由主義改革を推進ないし継承した連合政治の一翼だったため国民の信頼を失う（エクアドル、ボリビア）か、あるいは伝統的な二大政党など既存政党を前に多くの国民からの支持を得るほどの勢力にはならなかった（ベネズエラ）。国民の不満が蓄積され続け、ついには、新自由主義の全面的な見直しを主張する急進派に支持が集まったのである。

成立した左派政権は、選挙により政権を維持するなど二〇〇〇年代には支持される傾向が強かった。その背景には、今世紀に入ってからの世界資本主義経済の拡大に伴うコモディティ輸出ブームが起きたことがある。中国をはじめとする世界経済の発展過程において、中南米は再度、原材料供給地となった。それにより税収が増加し、貧困対策など左派勢力が約束した社会政策を実施できる財政的な基盤が用意されたのである。そうした社会政策の拡充は多くの国民の支持を集めた。

他方、急進左派が政権に就いた国々では、民主主義体制が損なわれた。急進左派政権は、反対派やマスメディアに対する抑圧を強め、多元的な政治空間を狭める一方、権力を行政府に集中し、大統領の強権化を図った。非民主主義的な傾向の強い中南米では、大統領の連続再選が憲法によって禁止される例が多いが、そうした制限を撤廃し、連続再選を繰り返す例も現れた。

左派の後退と後継政治勢力

中南米の政治地図を二〇〇〇年代に塗り替えた左派勢力は、一〇年代に入ると、冒頭で示したように、政権交代を余儀なくされるなど行き詰まり、後退してきた。その背景には、まず、左派政権がその政策の結果を国民から求められる段階に入ったことに、世界経済の鈍化が重なったことがある。

左派勢力は二〇〇〇年代に政権を握り、コモディティ輸出ブームに乗る一方、大統領の連続再選もあって政権を維持するなどして、社会政策の拡充を進めた。一〇年代は、そうした政策の具体的な成果を国民が求める段階に入った。

そのような時に起きたのが世界的な経済成長の鈍化である。これは、原材料供給地である中南米にも負の影響を与え、コモディティ輸出ブーム時のような高い税収を得られない状態を強いられている。この制限により、それまでのような社会政策における大盤振る舞いはできなくなった。同時に、石油輸出による圧倒的に豊富な財政収入に恵まれたベネズエラを含め、左派政権も、歴史的な負の遺産である大きな格差構造を根本的に変えることはできなかった。そうしたことから、左派政権に対する国民の批判が強まっていった。

左派政権に対する批判をいっそう強める結果となったのが、汚職の問題である。さまざまな汚職の形態があるが、中南米のほとんどの国に影響を与えているのが、ブラジルの大手ゼネコン、オデブレヒト社による組織的な贈賄である。同社は、各国の公共事業を受注するため、主要な政治勢力に対し賄賂を組織的に渡した。それが、ブラジルの左派政権下で発覚し、大統領が罷免される事態となったが、その捜査が進むにつれて、ブラジル以外の多くの国で、同様の事例があったことが次々と明らかになってきている。賄賂を受けたのは左派政権に限らず、右派を含む主要な政治勢力全体にわたっているが、政権にある左派勢力には、とくに大きな打撃となった。

過去約四〇年にわたり、中南米は新自由主義の浸透とそれに対する反発の高まりを背景とする「左傾化」が地域全体で進む過程において、国家と社会の新たな関係を構築する試みを行ってきた。だが、その過程で最適解を見つけ出すことはできなかった。現在、左派勢力が後退しているが、それに代わって力を伸ばし、場合によっては政権に就いた右派が、世界的な低成長と汚職に対する国民の不信という厳しい条件の下で、安定的に統治を行い、社会経済発展を図ってゆくことは容易ではない。各国で進む政治再編の過程から、どのような政治地図が描かれることになるのか、新自由主義の影響が長い時間をかけて現れている日本や欧米の将来像を考える参考とするためにも、中南米の今後の動向に注目する必要がある。●

歴史研究と外交

――「データベース日本外交史」の試み

歴史文書の公開で戦後日本外交の姿が明らかになる。これらの資料を整理、意味づけし、検索可能にするデータベースを、筆者らが構築している「データベース日本外交史」をはじめ紹介。外交史料の〝森〟で、歴史の「視座」を得よう。

防衛大学校准教授
高橋和宏
たかはし かずひろ 一九七五年生まれ。筑波大学大学院国際政治経済学研究科博士課程修了。博士（国際政治経済学）。専門は日本外交史。外務省外交史料館勤務、防衛大学校講師を経て現職。

現代の外交を考える際に歴史研究が貢献できるとすれば、それは「歴史の教訓」を語ることでも、未来を見通すことでもなく、いつの時代も苦悩の中から国の行く末が選択されてきたという史実を社会に還元し、柔軟で豊かな視座を提供することだろう。日々の国際情勢や対外関係のニュースに人々は一喜一憂しがちである。国際秩序が劇的に変化する時代には、国民感情はいっそう大きな振れ幅を見せやすい。政治指導者の選択と対外交渉を丹念に再現する外交史研究は、硬直的になりがちな思考回路に冷静で長期的な視点を提示できるのではないだろうか。

現代を歴史の延長として考える

たとえば中国との関係である。国交正常化交渉以降の日中関係史研究は、ここ十数年で目覚ましく進展し、最近では一九八〇年代半ばまでの時期が一次史料に基づいて検証されるようになっている。国交正常化における田中角栄首相と大平正芳外相のリーダーシップとそれを支えた外務官僚の政策アイディア、あるいは中曽根康弘首相と胡耀邦総書記との盟友とも呼びうる親密な信頼関係と戦略的な政策対話は、現在の、そしてこれからの中国との関係を考えるうえでも示唆的である。

沖縄をめぐる日米交渉についても、返還交渉や返還までの在沖縄米軍基地に関して決定版といってもよい充実した研究書が発表され、また返還後の日米安保と在沖縄米軍基地の研究も進んでいる。橋本龍太郎首相とモンデール大使によって普天間基地の返還合意が発表されてからすでに二〇年以上の時間が経過したが、その経緯も当事者の証言などによって解明されつつある。沖縄の米軍基地の問題は、安全保障上の政策判断に加えて、その時々の交渉当事者の「思い」を重ねつつ、長いタイムスパンでとらえる必要があろう。

このように現代の外交問題の起源や経緯を知り、その時間軸の延長線上で物事を考えるためには、戦後日本外交の展開を「歴史」として検証することが不可欠だ。これを支えるのが外交文書の公開である。かつては公開の遅れや重要案件が公開されないことなど、とかく批判の対象となりがちだった日本の外交文書公開制度は、ここ一〇年ほどの間に飛躍的に改善した。

日中関係や沖縄返還の研究も、こうして公開された文書を緻密に分析することによって可能となったものである。昨年（二〇一七年）末の外交記録公開では、中曽根・胡耀邦会談記録などを含むすべての公開文書が、外務省ホームページにPDFファイルで公開され、誰でも容易にアクセスすることが可能となった。

もっとも、そうした文書を「歴史」として紡ぎ出していくためには、専門知に基づく補助線が必要である。新たに公開された文書を関連する史料と突き合わせたり、背景となる組織・制度上の特徴に組み入れて理解するといった、一つ一つの文書を大きな文脈のなかにはめ込んで再現する作業が「歴史」を描くためには欠かせないからだ。そのときに役に立つのが、専門知の蓄積ともいうべき「データベース」である。

「データベース日本外交史」の試み

そうした思いから、日本外交に関する各種データを公開し、情報共有を図ることを目的として井上正也（成蹊大学教授）、白鳥潤一郎（立教大学助教）、筆者の三名が二〇一四年八月に立ち上げたのが「データベース日本外交史」である（当初は「データベース戦後日本外交史」としていたが、一七年九月のサイト移設にともない現在のタイトルに改めた）。三名に共通するのは、大学院生時代に外交文書公開状況の改善という恩恵をこうむったことである。

その恩返しというわけではないが、戦後期の外交文書を研究素材として活用している者として、公開される外交文書と外交文書を利用する研究者やジャーナリストの間の「橋渡し」をしたいという考えから、データベースを立ち上げることとなった。移管・公開された外交文書に関しては、外務省ホームページ内の「外交史料館」や「外交記録公開」のコンテンツがもっとも基礎的な情報源である。「データベース日本外交史」は、そうした公的情報を補完する研究ツールや一歩踏み込んだ関連情報を提供する知的インフラとすることを目指している。

「データベース日本外交史」のコンテンツは大きく四つから構成されている。

第一に、情報公開法に基づく開示請求などで研究者が収集した外交文書を掲載し、広く共有を図ることである。「史料」というカテゴリーに、現在は一九五〇～六〇年代の日中関係に関する文書や、石油危機前後に外務省内で開催された「中近東大使会議」の議事録、一九九三～九四年の日米首脳会談記録などを掲載している。今後は有志の方々からも提供を受けて、掲載文書を増やしていく予定である。

次に「移管ファイル目録」として、二〇〇九年以降に外交史料館に移管された外交文書を分類ごとにまとめた目録と、外交史料館ですぐに閲覧可能な公開済みファイルの目録を掲載する（「公開審査済」ファイル目録は準備中）。これらの目録は、外交史料館のホームページにある一九七六年の第一回外交記録公開から二〇一五年までに移管されたファイルの総目録と合わせて利用してもらうことを想定している。どのようなファイルが移管・公開されているかを事前に確認できれば、外交史料館での調査をよりスムーズに行うことができる。その意味でも、移管ファイル目録と公開審査済ファイル目録は有用であろう。

第三のコンテンツは、戦後外務省の人事一覧である。外務省では政策立案における課室の役割が比較的大きいといわれるが、これまでの文献・辞典では課長レベルまでの人事異動を確認することはできなかった。ここでは、『職員録』（大蔵省印刷局）および『官報』などに基づいて一九四五〜八九年までの全課長級人事を網羅する一覧を掲載する。同期間の一覧が完成した後には、九〇年以降にまで時期を延ばすことも検討している。

最後に、外交記録や情報公開に関する事柄や研究動向などを紹介する「コラム」である。研究者やジャーナリストに限らず、より多くの方々に気軽に、かつ興味深く読んでいただき、戦後日本外交史に関する関心を深めてもらうのがこのコンテンツの狙いである。これまでのところ掲載されているのは管理者三名が執筆したものに限られているが、こちらも多くの方の協力を得て、内容を充実させていきたい。

ほかにもこんなにある外交データベース

戦後日本外交に関するデータベースや公開された文書をデジタル化して画像を掲載する「デジタル・アーカイブ」はほかにも数多くある。いくつか代表的なものを紹介してみよう。

①データベース「世界と日本」

日本政治・外交に関するもっとも先駆的・網羅的なデータベース。「日本政治・国際関係データベース」「データベース二〇世紀・二一世紀年表」「略語データベース」の三つからなる。「日本政治・国際関係データベース」は、国会や国際会議等での大臣演説や日米、日中といった二国間の主要な条約や共同声明、日本の安全保障政策や歴史認識問題に関する資料などを幅広く収録している。「データベース二〇世紀・二一世紀年表」はキーワード検索も充実している。

②国立公文書館アジア歴史資料センター

近現代の日本とアジア近隣諸国等との関係に関わる歴史資料の電子画像をインターネット上で公開する、日本最大規模のデジタル・アーカイブ。国立公文書館、防衛省防衛研究所戦史研究センター、外交史料館の三機関から提供を受けた資料を順次公開しており、横断検索などアジア歴史資料センターならではの便利な機能も多い。これまでは明治期から終戦までの文書が対象だったが、二〇一七年より戦後期の外務省記録の公開が始まった。当面は日中国交正常化までに作成された文書のデジタルデータが外交史料館からアジア歴史資料センターに提供され、順次公開される見込み。

③国立公文書館デジタル・アーカイブ

外務省と宮内庁を除く中央省庁の行政文書のうち歴史的に重要なものはすべて国立公文書館に移管される。これらの文書を検索し、また一部文書を画像データで閲覧できるのが同館のデジタル・アーカイブである。同ホームページ内には、明治以降の各省庁の部局レベルの組織変遷をたどることができるコンテンツもある。変遷図はデジタル・アーカイブの検索システムと連動しており便利である。

④国立国会図書館　憲政資料室

幕末から現代にいたる政治家や官僚などの私文書（憲政資料）や日本占領に関する米国史料（日本占領関係資料）などを所管。新規公開資料を含め、所蔵資料群の目録がPDFファイルでホームページ上に掲載されている。日本占領関係資料の一部は同館の「国立国会図書館デジタルコレクション」でも利用可能。また、憲政資料を中心に用いた電子展示会「史料にみる日本の近代」では、開国から一九六〇年の安保闘争前後までを資料と解説で紹介している。歴史史料に関するコラムも楽しく読める。

⑤ナショナル・セキュリティ・アーカイブ：日米関係プロジェクト

ナショナル・セキュリティ・アーカイブは情報公開を主目的とするアメリカのNPOで、膨大な機密解除文書をコレクションしている。そのプロジェクトの一つとしてケネディ政権期からクリントン政権期に至る日米間の外交・安全保障・経済関係を扱う企画が一九九三年に開始され、これまでに三つの史料集が刊行された。史料集自体は有料コンテンツだが、一部の史料が解説文とともに紹介されている。また、プロジェクトの一環として実施された、交渉当事者のオーラルヒストリーは自由に閲覧できる。

これら以外にも、各国の国立公文書館や米国大統領図書館、研究機関などが数多くのデータベースやデジタル・アーカイブを開設している。データベースというと研究者が利用する専門的なものと縁遠く感じるかもしれない。一度こうしたホームページに気軽にアクセスしていただき、実際には多くの人に楽しく使えるツールであるということを体験していただければ、非常に幸いである。●

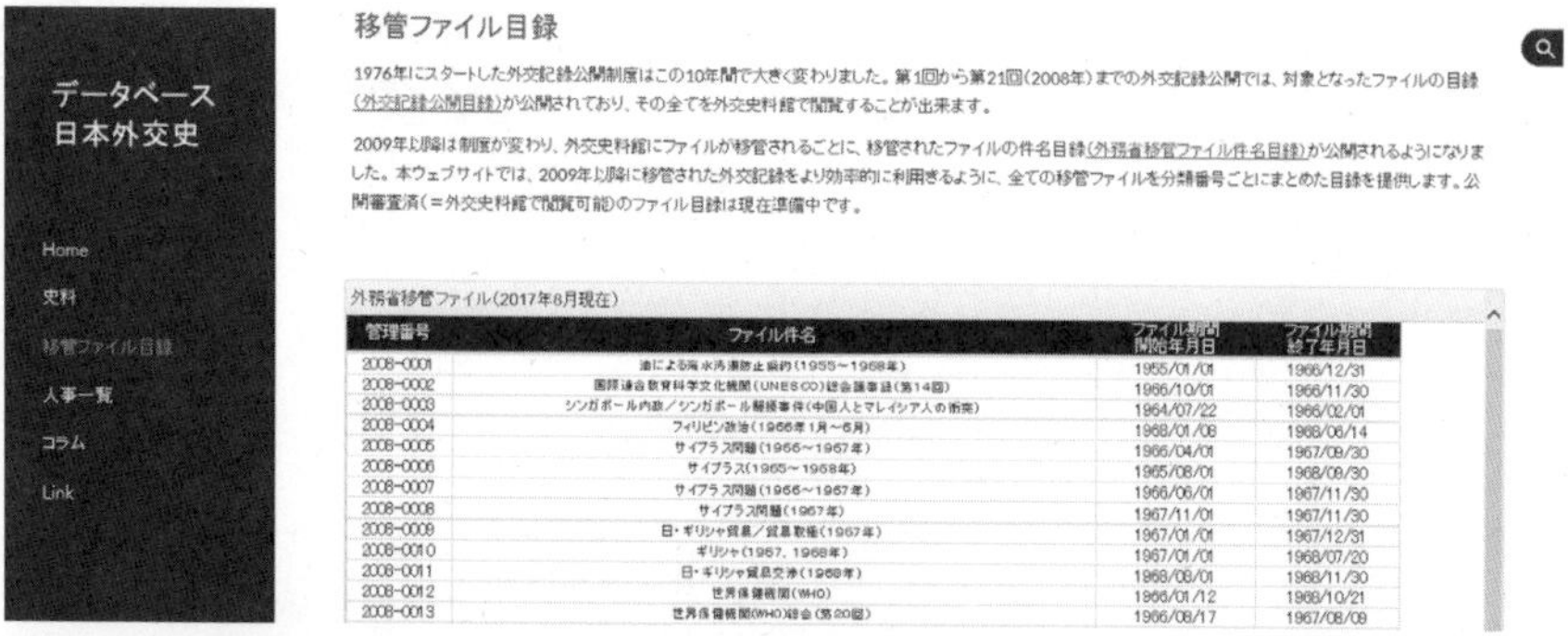

「データベース日本外交史」では、外務省移管ファイル目録を移管年別、分類別に検索可能
https://sites.google.com/view/databasejdh/home

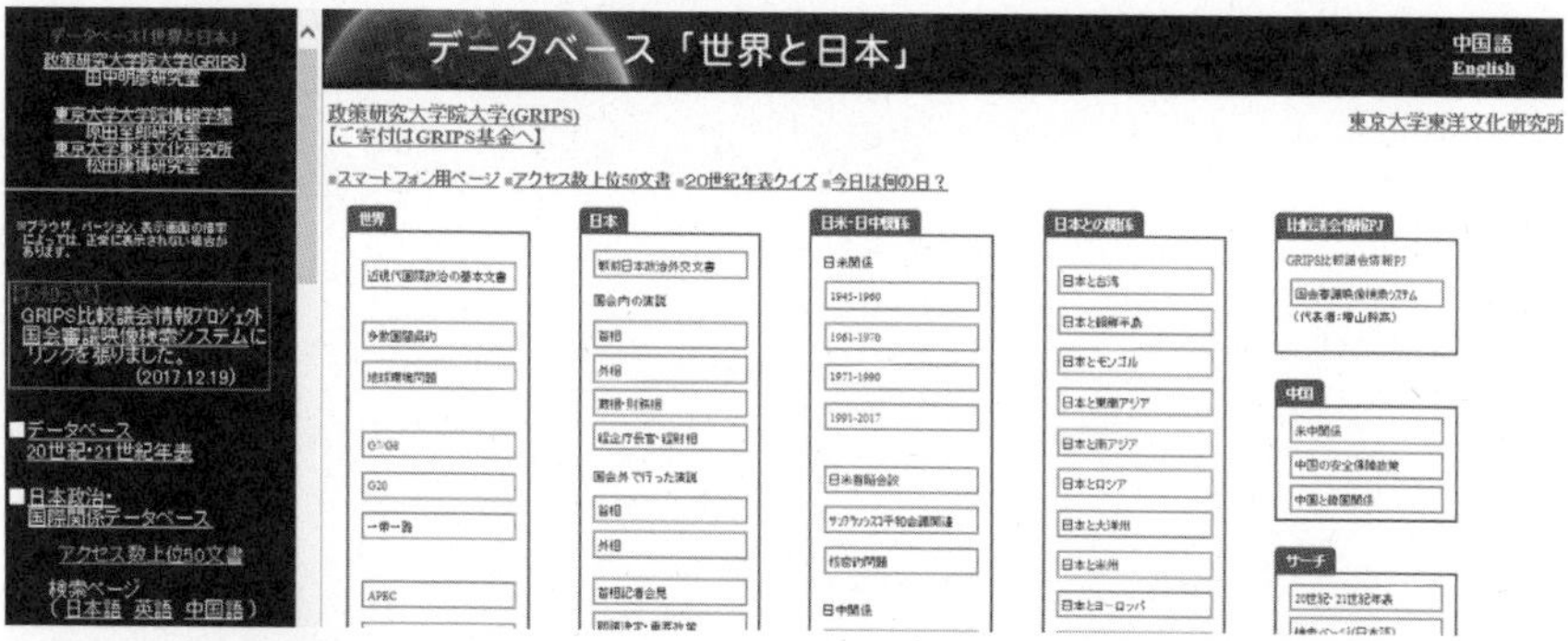

「データベース『世界と日本』」は、国際条約や、日米関係など各テーマの重要文書を網羅
http://worldjpn.grips.ac.jp/

「National Security Archive」では、日米関係ほかさまざまな米国の外交文書が閲覧可能
https://nsarchive.gwu.edu/

外交最前線④

2015年に行われたMIRAIプログラム

対日理解促進交流プログラム MIRAIは展開する

世界から将来有望な若者を日本に招き、見学・交流を行う対日理解促進交流プログラム。欧州地域を対象の「MIRAIプログラム」はどのように行われたかを報告。あわせて、日本の未来を支える青少年交流の意味を語る。

在英国日本大使館外交官補
渡邉朱里
わたなべ　あかり　二〇一四年外務省入省。入省後、欧州局政策課に配属。現在、同省の研修の一環として英国に留学中。同国のロンドン・スクール・オブ・エコノミクスにて国際関係史の修士課程に在籍。

二〇一四年度、外務省は、「対日理解促進交流プログラム」を通じ、日本と外国の若者交流の一層の拡充に努めることを決定した。

「対日理解促進交流プログラム」は、日本とアジア大洋州、北米、欧州、中南米の各国・地域との間で、各界で活躍が期待される優秀かつ将来有望な人材を日本に招へい、あるいは日本から派遣する事業として、二〇一五年から本格的に始動した。本事業は、日本に関する参加者の理解を深めてもらい、日本の将来の外交基盤を拡充すること等を目的としている。したがって、政治、社会、外交政策等、多様な観点からプログラム内容を企画し、彼らが親日派・知日派となる機会を提供することを事業内容とする。また、参加者には、プログラム参加中に抱いた日本に対する思い、新たな日本での発見、魅力等をSNSなどの拡散力を活かして積極的に周囲に向けて発信してもらうことで、国際社会における日本のイメージの向上や、日本への持続的な関心を促すことも本事業の目的である（交流プログラムの全体像については、一三四～一三五ページで紹介する）。

筆者は、入省後間もなく欧州局政策課に配属され、本事業のなかでも欧州地域における事業の企画を命ぜられた。地域的特徴として、一般に欧州は、ＥＵを中心に比較的平和で経済的にも安定しており、自由、法の支配および民主主義といった、基本的価値を日本と共有している。また、国連安全保障理事会をはじめとする国際機関およびＧ７・Ｇ20といった国際会議で影響力を有し、国際的なルールづくりを牽引してきた存在である。本事業に関して言えば、欧州は世界有数の教育・研究機関を数多く有するため、多くの優秀な人材のプログラムへの参加が期待された。また、先に述べた地域的特徴から、彼らが将来国際社会で大きな影響力を発揮する可能性が高く、親日家・知日家を増やすことができれば、日本の将来の外交政策に大きく貢献できる潜在性を有していた。他方、欧州では、一〇年、二〇年前に比して親日家・知日家の数が減りつつあるという見方があった。これらの状況を踏まえ、筆者は、自らが担当となった同地域における本事業の重要性を認識した。

筆者が配属された時点で、欧州に向けた事業は「MIRAI Program（以下、ＭＩＲＡＩ）」と名付けられていた。これは、Mutual-understanding, Intellectual Relations and Academic Exchange Initiative の頭文字を取ったもので、日本語の「未来」の意味も含む。それ以外にプログラムの目的、大枠の方向性および予算規模は決定していたものの、目的を達成するための具体的な方法は決められておらず、その具体化の作業からが筆者の役目となった。プログラムの実施は、選定された実施団体が行うこととなるが、外務省も拠出元として、予算が適切に執行されるよう監督、助言を行い、積極的に企画の段階で関わることとなった。

ＭＩＲＡＩプログラム始動

筆者は、二年間で通算三回の事業に携わり、延べ約三〇〇名の参加者を受け入れた。以下、自ら経験した三回の実施に関する全体的な流れを述べる。

まず、ＭＩＲＡＩの方向性としては議論の結果、「知的交流」に力点を置くことになった。つまり、各国の知的コミュニティの一員になりうる大学生・大学院生に対し、いかに知的に「面白い」と感じてもらいながら、日本に対する理解を深めてもらえるプログラムを提供できるかが焦点となった。親日家を増やす目的を達成するには、より柔軟な若い世代にポップカルチャーを通じて日本に好印象をもってもらうなどの方法もある。しかし、欧州については招へい人数が他の地域に比べて少なく、また、同地域には国際政治に大きな影響を及ぼしうる知的コミュニティが既に形成されていることから、本方針が効果のより高いものと判断した。

対象地域は幅広く、西はアイスランドから東は中央アジアまで、四〇ヵ国以上の学生を対象とすることとなった。参加者は、現地の日本大使館による推薦で、例えば、英国のオックスフォード大学やケンブリッジ大学、フランスのフランス国立行政学院、パリ政治学院、ドイツのベルリン自由大学、フンボルト大学といった各国の著名な大学から選定された。本事業に高い関心を示す相手国政府もあり、筆者は担当官として、事業目的やその意義についてカザフスタン国営テレビの取材を受けることもあった。

訪問団の日程は、一度の招へいにつき一〇〇名前後を一〇日間程度滞在させる計画で組まれた。多様な日本の姿を見てもらうため、近代性と伝統文化、都市と地方という四つの軸を組み合わせて日程を組んだ。

まず、東京視察では、参加者は六本木ヒルズや日本科学未来館で東京の都市設計や日本の最先端の技術について視察し、他方、江戸東京博物館では歴史を学んだ。地方では、広島での原爆ドーム訪問および被爆者による講話を通じ、世界唯一の戦争被爆国である日本の立場について考える機会を設けた。狙い通り、参加者からは、原爆の悲惨さについて認識を新たにするとともに、戦後の広島の復興における力強さに感嘆したとの声が多数聞かれた。また、原爆による荒廃と、復興を遂げた広島市内の活気や厳島神社の伝統ある美しさとの対比が印象深かったとの意見も多く聞かれた。京都では、訪問団は、世界遺産の神社仏閣を視察したほか、裏千家総本部におけるお点前の実演およびその解説を経て、抹茶と和菓子の試食を体験した。裏千家からは、お茶を点てる動作一つ一つに込められた日本人の精神性に基づく意味について、非常にわかりやすく端的に解説していただいた。これは、参加者にとり初めての経験というだけではなく、日本人の他者を思いやる気持ちの深さに驚きを覚えたと大変好評であった。

有意義だった日本の大学・大学院生との知的交流

そして、MIRAIの最大の特徴である知的交流を実現するため、訪日団と日本の大学生・大学院生との交流の機会を設けることとなった。筆者が担当した回では、慶應義塾大学、京都大学および早稲田大学にそれぞれ受け入れをお願いし、日本に関する政治、経済および社会に関する講義を実施後、日本の学生とともにグループ・ディスカッションを行う機会を設けた。日本の安全保障環境、中世・近代における日欧の交流の歴史といった主要なものから、死刑制度に関する認識や排外主義の扱いなどの議論が分かれる社会問題まで、毎回趣向の凝ったテーマが設定された。

訪日団からは、日欧は地理的に遠い位置にあるけれども、政治、経済、社会、おのおの共通の問題を抱えていることを今回改めて認識し、日本についてさらに理解を深めたくなったとの感想が伝えられた。例えば、南シナ海領有権をめぐる問題について、日本としてどのように対処すべきかという議論では、国際社会に事態の重要性をさらに訴え、多国間の枠組みで解決すべきという意見もあれば、二国間の枠組みで中国に対しより強く迫ることで事態の解決を図るべきという意見もあった。また、それに対し、日中の経済的なつながりの深さや、二国間の友好関係を考えると、長期的に対話を重ねていくことが大切であるとの反論もあった。ただ、地球の裏側の太平洋で起きている自由や法の支配に関わる安全保障上の問題について、欧州として今まで以上に関心を寄せていかなければならないという点については、総じて一致していた。また宗教観に関する議論では、日本でも欧州でも、伝統的な意味で信仰を実践する人の割合は過去に比べて減りつつあり、宗教が慣習の一部と化し、日常に溶け込んでいるとの状況認識があった。ただ、欧州では、移民の流入により、イスラム教の信仰を保護するあまりキリスト教の信仰を抑制される場面があるため、それは逆差別ではないかとの問題提起がなされ、その点、日本は大多数が宗教的に寛容である反面、無関心であり、宗教に対する理解の欠如は、宗教的少数派を時に傷つけてしまうおそれがあるのではないかとの議論がなされた。

育つか「MIRAIの種」

筆者は、今後日欧間の協力を深化させるために貢献したいとの志を話してくれる多くの参加者に出会うことができた。日本の学生からも、この知的交流では、多様な国籍の優秀な学生たちから今までの自分の認識とは異なる視点の意見を聞くことができる、大変いい刺激を受ける機会となったとの感想が聞かれた。

最終日には、外務省本省において現役職員による外交政策に関するワークショップを行い、現役職員が外交の現場から政策の意義および重要性を説明し、参加者と職員との間では闊達な意見交換が行われた。また、訪日団は滝沢外務大臣政務官（当時）への表敬訪問を行い、参加者と滝沢政務官との間で交流の機会がもたれた。

　プログラムを振り返れば、この機会にできる限り多くの日本の姿を見てもらいたいという気持ちが溢れるあまり、日程をやや多く詰め込んでしまったなどの改善すべき点は存在した。しかし、筆者が訪日団の同行中に得た感想や、参加者に対するアンケートの回答で満足度の高い結果から、総じて確かな手ごたえを感じ、訪日団の帰国後は肩の荷が少し下りた気がした。

　筆者が部署を離れた現在も、ＭＩＲＡＩは引き続き実施されている。蒔いた種は、少しずつだが確実に育ちつつあるようで、何人かの元参加者から、日本へ留学することの報告や、再来日に際しての外務省職員への面会申し込みを既に受け取っている。今後一〇年、二〇年後に彼らが社会で活躍する未来に、その芽が育ち、大輪の花を咲かせることを願ってやまない。●

日本の未来を支える青少年交流

——対日理解促進プログラムとは

外務省大臣官房対日理解促進交流室長
深堀裕賢《やすかた》

　安倍首相は、二〇〇七年一月に開催された第二回東アジア首脳会議において、五年間にわたり毎年六〇〇〇人のアジア青少年を日本に招く「二一世紀東アジア青少年大交流計画（通称：ＪＥＮＥＳＹＳ）」を発表しました。この計画は、大規模な青少年交流を通じてアジアの強固な連帯の基盤づくりに貢献していくとの、第一次安倍内閣による力強い決意表明でした。同計画の必要性については、同年六月に開催された東アジア・ラウンドテーブルにおいて、浜田昌良外務大臣政務官（当時）も、「アジアにおける共同体意識を涵養していくためには、若い世代の人々が地域内での活発な交流を通じて、相互に理解を深め、親近感をもつことが不可欠」である旨述べています。

　ＪＥＮＥＳＹＳでは、〇七～一二年の五年間に約四万五〇〇〇人の青少年をアジア諸国・地域から日本に招へいし、約九〇〇〇人の日本の若者をアジア諸国・地域に派遣し、当初予定を大きく上回る交流を実現しました（表参照）。

　ＪＥＮＥＳＹＳが有意義に行われたことを受け、外務省による青少年交流事業はその後、「キズナ強化プロジェクト」（一二年）、「JENESYS2・0」（一三〜一四年）に引き継がれるとともに、対象地域が北米、欧州および中南米にも順次拡大されました。現在ではアジア大洋州事業は「JENESYS（各年）」、北米は「カケハシ・プロジェクト」、欧州は「MIRAIプログラム」、中南米は「Juntos‼（中南米対日理解促進交流プログラム）」として実施されています。また、対象者に成年を含めたり、事業目的として「対外発信」に重点が置かれ、訪問団ごとにテーマを設定するなど、青少年親善交流を中心に据えつつも、現在は、内容重視の人的交流事業へと進化してきています。

冒頭で触れたとおり、これら人的交流はいわば日本と各国・地域間の未来を形作るための事業です。交流による相互理解および親善の促進が地域共同体形成にどれだけ貢献するかを数値で計ることは難しいですが、日々交流事業に携わってきた外務省としては、同事業により訪日した世界各国・地域の若者たちが、長期にわたり日本の良き理解者および友人になってくれていることを体感しています。

彼らとともに、明るく平和な地域共同体が築けるよう、今後ともこれら人的交流事業が拡大深化していくことが期待されます。●

青少年等の交流実績

2017年12月調べ（単位・人）

実施時期		2007年〜11年度		2011年〜12年度		2013年〜14年度		2015年度		2016年度		2017年度（予定）	
事業名		JENESYS		キズナ強化プロジェクト		JENESYS2.0 KAKEHASHI Project		JENESYS2015 カケハシ・プロジェクト MIRAIプログラム Juntos!!		JENESYS2016 カケハシ・プロジェクト MIRAIプログラム Juntos!!		JENESYS2017 カケハシ・プロジェクト MIRAIプログラム Juntos!!	
		招聘	派遣	招聘	派遣	招聘	派遣	招聘	派遣	招聘	派遣	招聘	派遣
地域	アジア大洋州	45,051	9,217	6,804	1,526	26,435	2,784	3,218	517	6,454	745	3,200	500
	北米	——	——	1,294	1,154	4,574	400	1,281	333	1,372	1,077	1,200	400
	欧州	——	——	——	——	——	——	150	——	290	——	170	——
	中南米	——	——	——	——	——	——	101	——	122	25	100	20
合計		45,051	9,217	8,098	2,680	31,009	3,184	4,750	850	8,238	1,847	4,750	920

合計

	招聘	派遣	合計
アジア大洋州	91,162	15,289	106,451
北米	9,721	3,364	13,085
欧州	610	——	610
中南米	323	45	368
合計	101,816	18,698	120,514

Talk Café

長有紀枝のキャリアの話を聞こう⑬

(株)ロシア・ユーラシア政治経済ビジネス研究所所長
隈部兼作

激動のユーラシア・ビジネスを生き抜く

東欧革命、ソ連崩壊、日ロ関係……

――ロシアに興味を持ったきっかけは何でしたか。

隈部　ロシアとの出会いは、高校時代。祖父の命令でした。

――えっ、命令!?

隈部　私が入学した早稲田高等学院には第二外国語があり、ドイツ語、フランス語、ロシア語からの選択でした。戦前に外交官だった祖父に相談すると、真っ先にロシア語と言うのです。一九六〇年代後半の冷戦の真只中でしたが、「おまえが大人になる頃には時代は変わるから、ロシア語をやれ」。そして続けて「自分も一緒に勉強する」と(笑)。

――初めてソ連を訪れたのは?

隈部　一九七三年、大学三年の時に、横浜からナホトカ行きの船に乗りました。ソ連に二ヵ月半、それから東欧と欧州を巡る一人旅です。ソ連は怖い国だから一人で行ったら帰って来られない、と周囲から心配されました。

ところが、いざ行ってみると全然違いました。シベリア鉄道でも街のレストランでも、日本人とわかると彼らの席に招かれご馳走してくれる。タシケントではホテルを出ると学生が待ち構えて柔道を教えてくれと頼まれる。家にも招いてくれて、歌と踊りとご馳走の世界でした。実に陽気で優しい人たちなのです。イルクーツク、レニングラード、ノヴゴロド、グルジア、アルメニアでもそう。モスクワ以外でほとんどお金は使いませんでした。物事は、自分の目

モスクワのスコルコボセンターの宇宙食自販機の前で。

くまべ　けんさく　1952年生まれ。75年早稲田大学政治経済学部卒業、日本輸出入銀行入行。ソ連・東欧課課長代理、モスクワ首席駐在員、国際金融第2部(旧ソ連・欧州・中近東・アフリカ)部長、一橋大学客員教授等、旧ソ連圏の専門家として活躍。05年ロシア・ユーラシア政治経済ビジネス研究所を設立し、代表取締役・所長。

で見て経験しないとわからないと痛感しました。

――卒業後、日本輸出入銀行（輸銀、現・国際協力銀行）に入られます。

隈部　経済関係で日ソの橋渡しをしたいと思い、シベリア開発を進めていた輸銀に入りました。領土問題があり、外務省はソ連に厳しいスタンスでしたが、当時の財界は、「日本の発展にはソ連の資源が不可欠であり、極東の港湾建設や資源開発用の設備等を輸出し、木材や石炭を安定的に確保する」という明確な戦略を掲げ、気概に溢れていました。

輸銀の海外投資研究所での修行時代も思い出深いです。アジア班の櫻井眞さん（現・日銀審議委員）は強烈でした。君が首相や大蔵大臣だったらどうするか、と毎日政策議論をさせられる。「名刺の肩書で人を判断するな」とか「組織内部でなく、外部と議論せよ」とも教えられました。

――一九八〇年代初頭には、レニングラード大学（現・サンクトペテルブルグ国立大学）へ留学されます。

隈部　八一年九月から一年間、ソ連人専用のホテルに住み、大学に通いました。そこでは勉強よりもソ連での「生き方」を学びました。野菜は萎びたニンジンやキャベツしかなく、それを買うにも品物ごとに別々の列に並んで買わなければならない。たった数種類の野菜を買うのに一時間以上かかります。並んでいても閉店時間になると平気で店を閉めてしまう。ところがある日、売場のおばさんに日本のお土産を渡したら、裏口から入って並ばずに買い物ができるようになりました。袖の下の世界なのです。ホテルの部屋には調理場がなく電熱器を買ったのですが、料理をするとホテルに常駐する警官に呼ばれ、「ホテルで火を使うのは違法だ。辞めろ。」と。その後も使い続けると「逮捕する」と言われたこともありました。「逮捕するなら逮捕してくれ」と居直り、卒業まで黙認してもらいました。ソ連での生活は大変でしたが、社会主義の問題が身に染みてわかりました。

東欧革命、ソ連崩壊、中央アジアの体制移行。

――一九八七年に輸銀のソ連・東欧課へ。ソ連ではゴルバチョフが活躍した時期。東欧革命前夜ですね。

隈部　歴史が動くのを間近に見て、その現場で働けたことは幸せなことでした。ソ連が崩壊するとは思ってもいませんでしたが、八七年にブルガリアの大蔵大臣が「ソ連に支援を打ち切られる」と漏らしたときに東欧が動くと直感しました。出張のたびに関係省庁に現地の状況を報告し、外務省東欧課の河東哲夫課長、秋元義孝補佐などと一緒に東欧支援策の策定に携わりました。

印象深いのは、ハンガリーに対する世界銀行との協調融資です。八〇年代後半、同国の債務不履行（デフォルト）の懸念が高まり、当時多額の融資をしていた邦銀がそのトリガーを引く恐れがありました。それを防ぐため、日本の経常黒字還流を担っていた輸銀は、世銀と協調して構造調整融資をまとめました。ベルリンの壁はまだ崩壊しておらず、「敵に塩を送るのか」と言われましたが、実現した時は嬉しかった。留学時代、仲良くなったハンガリー人留学生のご実家に招かれたのですが、ソ連と同じ社会主義国とは思えませんでした。美味しいレストランがあり、笑顔で接客してくれる。その友人のお父さんを介して大蔵省や中央銀行の方が率直な内部事情を話してくれて、いつかこの国のために仕事がしたいと思っていたのです。

――ソ連も大揺れの時期でした。

隈部　ペレストロイカ支援の検討が政府内で始まっていました。ソ連課に遷られていた秋元さんに、うちの東郷和彦課長と一度議論してみませんかと誘われて、外務省と協力してソ連向け経済支援を準備しました。内々にソ連に出張し、知人のサポートを得て、政治局員のボリスキー氏と面談し、ゴルバチョフ書記長の来日に備えて意見交換をしたことは忘れられません。

――一九九七年からはモスクワに駐在されます。

隈部　混乱期の真只中で、赴任翌日にイリューシン副首相に呼ばれ、日本との関係は大切だからよろしく頼むと言われました。一昨年暗殺されたネムツォフ副首相など、多くの政府関係者が輸銀のモスクワ事務所に来てくれて、一緒に政策を考えました。当時の政策担当者の半数は知り合いだったと思います。ドボルコビッチ現副首相も、当時は財務省傘下の若手エコノミストでした。彼はすごいスピードで出世して、今ではなかなか会えませんが。

九八年八月にロシア債務危機が起こります。その一週間前に金融関係者の集まるパーティーで、某銀行がロシア国債を売ったと聞いて危機が起こると思いました。ＮＨＫの駐在員に伝えると、事前に街中にカメラを出して銀行の取り付け騒ぎを撮影し、二日後には特集番組ができていて、社内で表彰されたとお聞きしました。

金融の専門家としてロシア下院に呼ばれ、スピーチをしたこともあります。ロシアのリアルセクターに資金を流すにはどうすればよいかとのテーマで、登壇者で唯一、聴衆から拍手をもらえました。

――ロシアだけでなく、中央アジアの体制移行にも携わられました。

隈部　中央アジア五か国すべてを見ましたが、思い出深いのはトルクメニスタン。同国が「債務返済を繰り延べする」という情報を受け、モスクワから現地に飛び、外国貿易銀行のグルバンムラドフ総裁に問うと、「世銀の方から返済が苦しければ繰り延べしてはとの話があっただけだ」と言う。それならすぐに関係国や国際機関に書面で説明すべきだと、文面作成等を手伝いました。それで信頼されたのか、彼が副首相になってからも頻繁に訪問し、本人や大臣等にレクチャーしました。帰任の挨拶に行った際、「隈部さんは、欧米のように上から目線でなく、同じ目線で親身に厳しい指摘もしてくれた」と言われて本当に嬉しかった。

一方で、モスクワ駐在中の九八年七月、前筑波大学助教授で外務省から国連タジキスタン監視団に派遣されていた秋野豊さんが、現地で武装集団に射殺されたのは、とてもつらい出来事でした。秋野さんには親しくしていただいて、いずれ一緒にシンクタンクをつくろうと話していました。彼の持論は、これからの中央アジアの平和のためには、一国だけでなく地域全体を底上げする政策が必要というものでした。地域の格差が拡大すれば、テロのリスクが高まります。日本が主催する「中央アジア＋日本」の貢献もあって、近年やっと地域間協力が進んできました。

動き出す日ロのビジネス交流

——昨年のプーチン大統領訪日で、日ロ間のビジネスも活気づいてきました。

隈部　ロシアとの経済協力は、官邸主導でやらないとダメですね。領土などの政治問題があって、各省のレベルでは独自の判断はしづらく、首相官邸が旗をふってはじめて、政府一丸となる姿勢が生まれます。一昨年の日ロ首脳会談で多くの案件が出ましたので、今後はそれらをどう具体化するかの議論を深めなければならないと思います。

——ロシアもさまざまな面で変わりつつあります。

隈部　私の研究所は、日本政府の対ロ経済協力や日本企業のビジネス方針づくりのお手伝いをしています。また、ロシア政府や企業にも意見具申をしています。近年、ロシアでのビジネスのスピードも速まりました。携帯料金や公共料金の支払い機能だけを備えたＡＴＭ（自動支払機）など、これはいいとなるとパッと広がる。企業間の情報収集に、ＩＴツールを活用した事例も出始めています。ビジネスの種はたくさんあると感じています。日ロ両国にとってウィン・ウィンの関係をつくれるような仕事に今後も携わっていきたいと思います。●

【選評】
神戸大学大学院教授
梶谷懐

中国は「農業調整問題」を克服できるか

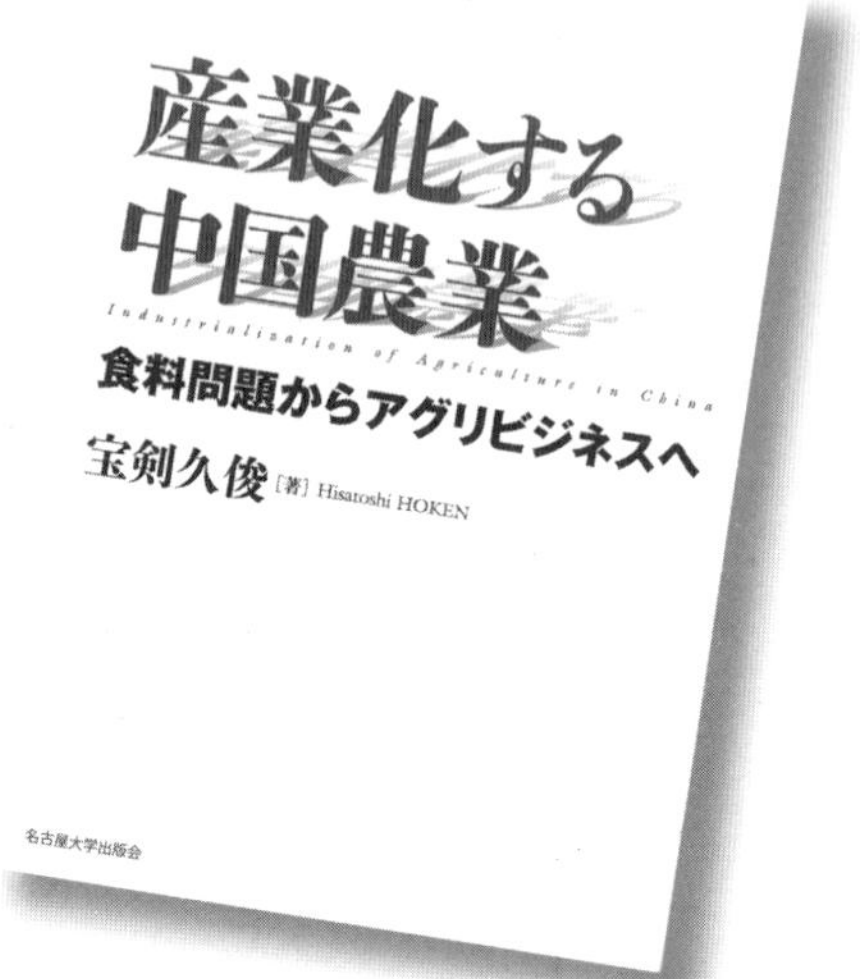

産業化する中国農業
食料問題からアグリビジネスへ
宝剣久俊・著
名古屋大学出版会／2017年9月／5800円+税

日本の中国経済に関する報道というと、不動産バブルや国有企業改革、最近では深圳のイノベーションなど、都市部の動きに関するものに偏っており、農村の現状や変化について踏み込んだ報道がされる機会は非常に少ない。そういった事情もあり、中国の農村というと日本では「成長から取り残された貧しい地域」といったイメージで語られることがいまだに多いかもしれない。

しかし、評者がここ最近、調査などで四川省や浙江省の農村を訪問してきた印象から言っても、政府の食料補助金政策や、商品作物栽培など農業の「産業化」を通じて、この一〇年ほどの間に中国の農家の生活水準は確実に向上している。ただ、そういったゆっくりではあるが着実な発展の歩みはメディアの注目を集めないため、その実態がほとんど知られていないのである。

本書は、外からは見えにくい中国農村・農業について、これまで地道な現地調査を重ねてきた著者が、各種の統計データと開発経済学の先進的な手法を駆使しつつその実態を明らかにしようとした、本格的な研究書である。

「農業の産業化」を通じた「農業調整問題」の克服——本書が焦点を当てる

中国農業の課題を端的に表現すると、このようになるだろう。経済発展を始めた低所得国がまず直面するのが「食料問題」、すなわち食糧生産が不足することで価格が上昇し、賃金上昇によって工業化が阻害されるのをどう防ぐのか、という課題である。一九八〇年代以来順調に食糧生産を増やし続けてきた中国にとっては、この問題はすでに過去のものになっている。

一方、この「食料問題」を解決した国が、順調な経済成長ゆえに直面する新たな問題が「農業調整問題」である。これは、食糧生産が増大する一方で、豊かになった都市部では人口成長率が低下し、食糧が余剰になりがちになることから、食糧価格と農家所得が低迷し、都市住民との格差も広がっていく現象を指す。

よく知られているように、二〇〇二年からの胡錦濤─温家宝体制の下で、中国政府は「和諧社会」の実現を掲げつつ「三農問題」の解決をしきりに訴えてきた。これは中国政府が農業調整問題の存在を明確に認識し、その解消をアジェンダとして掲げた、ということに他ならない。

本書の分析も、二一世紀以降、農業調整問題に直面するようになった中国が、その克服に向けてどのような道を歩んできたか、という点に焦点が当てられている。その際、農作物の価格維持や、食糧生産への補助金給付といったマクロの農業保護政策の考察とともに、農地の流動化や専業合作社の組織化を通じた農業産業化の効果について、著者が独自に入手したミクロデータをもとに詳細な実証分析を行っているところに本書の最大の眼目がある。

生産性向上をデータで実証

本書が豊富なデータで示す中国農業の実態の多くは、多くの読者にとって意外なものかもしれない。中でも目を引くのが第二章で詳しく論じられる食糧価格の動向だ。確かに一九九〇年代から二〇〇〇年代初めにかけては、食糧価格は政府の強い統制の下に低く据え置かれ、そのことが農家と都市住民の所得格差が大きく拡大する原因になってきた。しかし、農家からの食糧買い付けが自由化されたこともあって、二〇〇五年ごろから食糧価格は急速に上昇した。それと並行して政府から農家への補助金給付も大きく増加する。この農業政策の大きな変化は、農村における余剰労働の枯渇＝いわゆるルイスの転換点の通過と相まって、農家一人当たりの作付面積とその所得を上昇させてきた。そのことを背景に、農家と都市住民との所得格差も、この一〇年ほどの間に緩やかではあるが縮小しつつある。

一方、農村で進む兼業農家化に関する研究結果も興味深い。著者は、中国内陸部に位置する山西省の四つの村のパネルデータを利用し、農業経営の類型に関する推移パターンを定量的に分析した上で、いずれの村でも農業生産に従事する比率が比較的高い第一種兼業農家の割合が低下しており、専業農家と（農業生産にあまりコミットしない）第二種兼業農家との間で農家間の就業形態の分化が進展してきたことを明らかにしている。このような就業形態の二極化は、非農業所得の上昇を通じて農村内の所得格差をもたらした。日本では農家と都市住民の格差にばかり注目が集まるが、農家同士の格差拡大も深刻な「農業調整問題」の一つなのだ。

成長を支える独自の組織

また、近年の中国農業の生産性向上を考える上で欠かすことができないのが、「農民専業合作社」と呼ばれる、特定の商品作物などに特化した協同組合的な組織の存在である。今世紀に入り、農業の産業化の進展とともに急速にその数を増やしてきた農民専業合作社は、主として地域特産の野菜や果物など特定の農作物の生産や流通に関わり、農業機械の貸し出しや技術指導など農家向けのさまざまなサービスを提供することを通じて、農家の収入増大や農業生産の効率性の向上に貢献してきた。

著者は現地調査と統計データを用いた実証研究に基づき、合作社が会員農家に提供するサービスの内容とその質、そして会員農家にとってのメリットと負担といった観点から、農業産業化の中で合作社が果たしてきた機能を明らかにしている。

特に興味深いのは、内陸地域の野菜産地である山西省の二つの村民委員会で実施した農家調査を利用した、農民専業合作社の会員・非会員の間の比較、そして野菜栽培農家と伝統作物農家との比較分析の結果だ（第七章）。そこで著者は、統計的因果推論を用いた分析手法を用いて合作社への加入効果と野菜栽培の農業純収入への効果を検証し、その結果合作社への加入とハウス野菜栽培の導入は、農家所得を確実に上昇させる効果を持つことを指摘している。

ＩＴ活用で広がるサービス産業

もちろん、中国全体でみれば農民の生活はまだまだ貧しいし、都市住民との間にさまざまな差別も残されている。例えば、広く読者を集めている川島博之の著書『戸籍アパルトヘイト国家・中国の崩壊』によれば、中国一三億の人口は都市戸籍を持つ三・

八億人と、農村戸籍を持つ九・三億人の間で分断されており、その格差は中国の経済成長に「埋め込まれた」ものである。このため川島は、後者が都市住民のように豊かな消費文化やサービス産業を享受するようになることはあり得ない、と断言する。

　しかし、そのような歯切れのよい断定から抜け落ちているのは、本書が豊富なデータを用いて示しているように、二一世紀に入ってからの農業政策の転換や農業の産業化が、中国農民の生活を確実に押し上げているという事実である。また、近年のアリババなど大手ＩＴ企業が提供する電子商取引の広がりにより、中国の多くの農村では村で生産した商品をＣ２Ｃ（顧客対顧客）のオンラインショップを通じて販売するというビジネスモデル（「淘宝村」）が注目を浴びているほか、電子商取引の中継地点が農村各地に設けられ、消費と雇用の拡大に貢献している。このことからも、「農村ではサービス産業は普及しない」という決めつけは、かなり疑わしいことがわかるだろう。

　本書は、計量経済学の手法を駆使した研究書であり、専門家以外には決して読みやすいものではないかもしれない。しかし、中国農村に関して流布するあまりに固定化されたイメージに流されないためにも、本書ができるだけ幅広い層の読者に読まれることを望まずにはいられない。●

戸籍アパルトヘイト国家・
中国の崩壊
川島博之・著
講談社＋α新書／ 2017 年 10 月／ 860 円＋税

日本外交のアイデンティティとは

一九八〇年代は日本外交にとってどういう一〇年間だったのか。『「全方位外交」の時代』の七〇年代に続いて著者は、日本が国際社会に新たな地位を占める経過と、歴史問題などその後の火種の萌芽を外交史に位置付けて物語る。ポイントはやはり中曽根内閣時代だが、先立つ鈴木善幸首相が、アイデンティティを求めて「苦闘」する様が印象的だ。著者は似た面差しを、政権与党となった民主党にも見るのである。

冷戦の終焉と日本外交
鈴木・中曽根・竹下政権の外政 1980～1989年
若月秀和・著
千倉書房／ 2017年12月／ 7000円+税

日米地位協定が規定した日本のアポリア

日米地位協定の前身・日米行政協定は、日本における米軍基地の設定を包括的に認めた。本書は米軍基地の「かたち」を決めた地位協定の文言のみならず、沖縄と神奈川を対置させ、都市部での米軍基地の返還運動と沖縄への基地への集中という動的側面についても史資料を渉猟して明らかにしている。ここで規定された国の「ありよう」が、基地問題や日米同盟の政治的・外交的アポリアにつながっている。

日米地位協定
その歴史と現在（いま）
明田川融・著
みすず書房／ 2017年12月／ 3600円+税

北朝鮮の制裁逃れを全世界に追う

北朝鮮 核の資金源
「国連捜査」秘録
古川勝久・著
新潮社／ 2017 年 12 月／ 1700 円+税

国連安全保障理事会決議１８７４号に基づく専門家パネル。四年半北朝鮮制裁違反事件の国連の捜査に携わった著者の息詰まる捜査ファイルだ。パズルのピースを集め、組み立てる調査は、時には好事家のスカッドミサイル・コレクションを解体して部品を特定するまで及ぶ。制裁の実効化策として、世界各地の拠点で調達や武器輸出を行う北朝鮮と結びつく各国に、代替手段を差し伸べる必要を訴え、日本に一層の努力を求める著者の指摘は重い。

プルトニウムと核の傘 ジレンマからの脱出策は

核兵器と原発
日本が抱える「核」のジレンマ
鈴木達治郎・著
講談社現代新書／ 2017 年 12 月／ 800 円+税

原子力委員会委員長代理であった著者は、福島原発事故による事故確率の上昇や核兵器の均衡論が、北朝鮮やイランの核拡散への対応としての冷戦思考の復活につながり、リスクを増していると警鐘を鳴らす。原発と核兵器という通底したものの歴史を通観することで、両者共通のジレンマが大きくなり、三つ巴のトリレンマに成長したという。「無意識の核大国」日本の行動が、いま問われる。

他者の命への関与は正義なのか

従来の国家の枠を超え「世界市民」が行使する正しい力、それがＰＫＯだ。——そんな理想は、すぐさま崩れ去った。絶望的な混乱状態、大きな力に対して無力な当事者たちの認識や信条。エゴ丸出し、国益最優先の安保理常任理事国。がんじがらめの官僚組織の国連。だが国連ＰＫＯ担当事務次長を務めた著者は混沌とした11のＰＫＯの経験から、不明確を明確にして決断をする「哲学」が重要だと喝破する。

避けられたかもしれない戦争
21 世紀の紛争と平和
ジャン＝マリー・ゲーノ・著／庭田よう子・訳
東洋経済新報社／ 2018 年 1 月／ 3400 円＋税

各国保守政党の差異と党内改革の経緯を読む

世界各国の民主主義国で有権者の利益を代表してきた保守政党。しかし保守政党間の差異は、これまであまり注目されてこなかった。本書では二〇〇〇年代以降の日本、欧州、アジアの保守政党を対象に、政策、組織、党と社会の関係を分析するほか、一九九〇年代に下野した状況からの復権過程、近年台頭が著しい「右派ポピュリズム」政党への対応などを精査。それぞれの「保守観」を浮き彫りにする。

刷新する保守
保守政党の国際比較
阪野智一／近藤正基・編
弘文堂／ 2017 年 12 月／ 3500 円＋税

裁判を語ることは権力を語ること

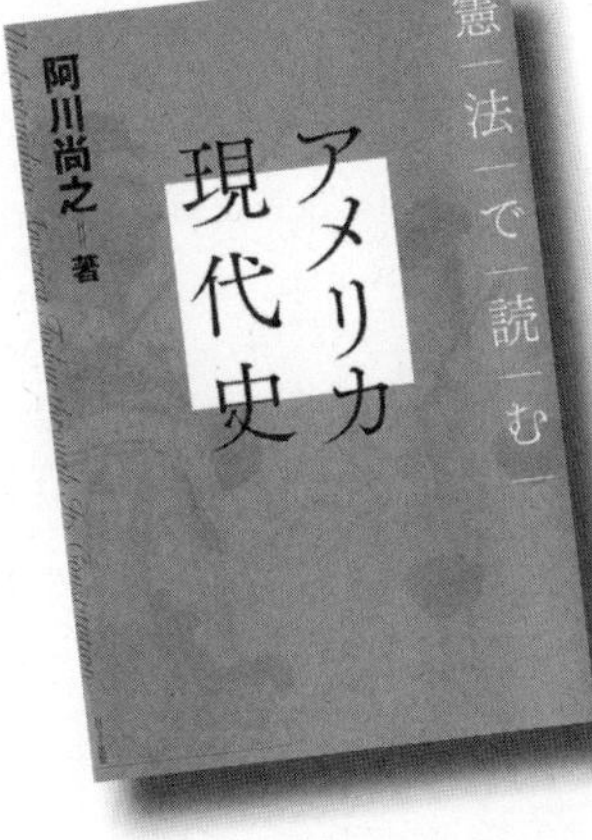

アメリカ連邦最高裁を語ることは、アメリカ政治を語るのとほぼ同義だ。内政、経済、社会、宗教、言論に強い裁量を持つ大統領の力を事後的に制御するのが裁判所だからである。本書は一九八〇年代のレーガン大統領の時代から、任命権とジャッジ（判決や倫理的立場）のせめぎ合いの中で政治と社会がたどった変化の軌跡を読み解く。アメリカの裁判が権力と社会のダイナミズムの反映であることを示す好著。

憲法で読むアメリカ現代史
阿川尚之・著
NTT 出版／ 2017 年 11 月／ 2500 円＋税

『危機の二十年』を戦間期に書いたカー

戦間期国際政治とE・H・カー
山中仁美・著
岩波書店／ 2017 年 11 月／ 3200 円＋税

カーは理想主義の欺瞞を暴いた。第一次大戦の惨禍によって平和を指向する空気が蔓延する欧州で、彼は「パワーを排除した政治理論は破綻を余儀なくされる」と主張、実際に戦間期の国際連盟はナチスドイツの台頭を防げなかった。一見現実主義的なカーの思想的立場をめぐり、今なお論争が尽きないのはなぜか。本書は広範な史料を駆使して論争を整理し、複雑で魅力溢れるカーの実像に迫った労作である。

日本語教師として海外で活躍しよう！

平成30（2018）年度

EPA日本語講師募集

国際交流基金では、インドネシアとフィリピンで実施する経済連携協定（EPA）日本語研修の一環として、授業を担当する日本語講師を募集中です。採用者は EPA に基づき来日を希望するインドネシア人およびフィリピン人看護師・介護福祉士候補者を対象に、現地で約 6 ヵ月間実施する初級から中級程度の日本語教育を担当します。日本語教師として世界で活躍したい意欲的な皆様のご応募をお待ちしています！

【応募資格】65 歳未満、4 年制大学卒業以上
【派遣国】インドネシア、フィリピン
【派遣期間】7 ヵ月
【日本語教育に関する応募要件】
(a) 大学で日本語教育を主専攻 / 副専攻として修了した者
(b) 日本語教育能力検定試験に合格した者
(c) 日本語教師養成講座 420 時間を修了した者
※日本語教育経験については不問ながら、ティーチングアシスタントやチューターも含め経験があることが望ましい。
【第 2 回応募締切】2018 年 3 月 30 日（金）※第 1 回応募は締め切りとなりました。

EPA 日本語講師募集の詳細は　http://www.jpf.go.jp/j/about/recruit/epa_2018.html

英国存亡の危機に就任した「嫌われ者」政治家の 27 日間

『ウィンストン・チャーチル ヒトラーから世界を救った男』

2018 年 3 月、TOHO シネマズ シャンテ他全国ロードショー
配給：ビタース・エンド／パルコ
監督：ジョー・ライト
出演：ゲイリー・オールドマン、クリスティン・スコット・トーマス、リリー・ジェームズほか

第 2 次世界大戦勃発後、欧州制覇を目指すナチス・ドイツの勢いは収まらず、イギリスにも脅威が迫る。絶体絶命の状況で首相に就任したチャーチルは、政敵に追いつめられながらもナチス・ドイツに対する徹底抗戦を主張、フランスのダンケルクで包囲されつつある連合軍の救援に乗り出す。『プライドと偏見』『つぐない』のジョー・ライト監督が実話を基に描いた歴史ドラマ。驚くべき変貌ぶりでチャーチルを演じた名優ゲイリー・オールドマンはアカデミー賞® 受賞が確実視されている。

『ウィンストン・チャーチル ヒトラーから世界を救った男』上映に関する詳細は　http://www.churchill-movie.jp/

近代日本外交の歴史的瞬間にふれる

明治150年記念展示
国書・親書にみる明治の日本外交

会場：外務省外交史料館別館展示室（東京都港区麻布台 1-5-3）
開催期間：2018 年 4 月 17 日（火）まで
入館料：無料
開館時間：10:00 ～ 17:30（土日・祝日を除く）

Franz Joseph
DER ERSTE,
von Gottes Gnaden
Kaiser von Oesterreich,
König von Böhmen etc.
Apostolischer König von Ungarn,
dem
Durchlauchtigsten und mächtigsten
Fürsten und Herrn:
SEINER MAJESTÄT
dem
Kaiser von Japan
Unserem guten Bruder
Gruß und aufrichtigen Segenswunsch!

「修好通商条約締結に対する感謝状」
オーストリア＝ハンガリー帝国皇帝フランツ・ヨーゼフからの感謝状。欧米列強と結んだ不平等条約の改正は明治政府の重要な外交課題であった

平成30年（2018）は、明治元年（1868）から起算して 150年となる。その記念すべき年を飾る今年最初の企画展示では、オーストリア＝ハンガリー帝国皇帝フランツ・ヨーゼフや清国皇帝光緒帝ら世界各国の元首が明治天皇に宛てて送った自筆署名入りの手紙（国書・親書）など、16 点が出展される。現在に至る日本外交の基礎を築き上げた明治時代の外交を振り返り、国際社会の大海原に漕ぎ出す日本人の真剣な姿に思いを馳せたい。

外務省外交史料館
東京都港区麻布台 1-5-3
電話番号：03-3585-4511
http://www.mofa.go.jp/mofaj/annai/honsho/shiryo/
アクセス：東京メトロ南北線六本木一丁目駅から徒歩8分
都営地下鉄 大江戸線六本木駅から徒歩10分
都営地下鉄 日比谷線・神谷町駅から徒歩10分

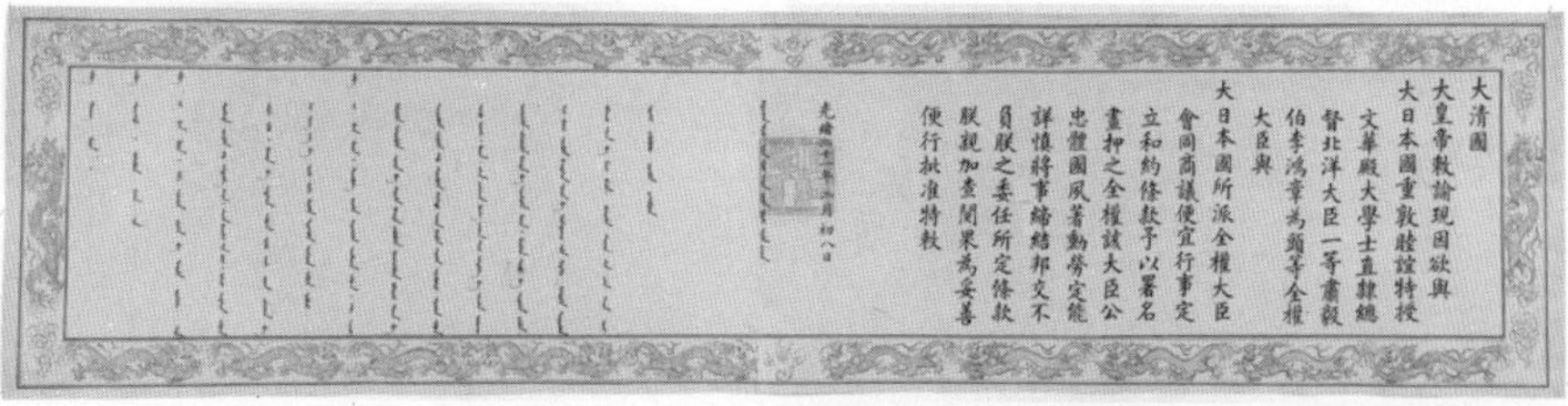
大清國
大皇帝敕諭現因欲與
大日本國重敦睦誼特授
文華殿大學士直隸總
督北洋大臣一等肅毅
伯李鴻章為頭等全權
大臣與
大日本國所派全權大臣
會同商議便宜行事定
立和約條款予以署名
畫押之全權該大臣公
忠體國夙著勳勞定能
詳慎將事締結邦交不
負朕之委任所定條款
朕親加查閱果為妥善
便行批准特敕

「日清講和会議の際に李鴻章が持参した全権委任状」
清国皇帝光緒帝からの全権委任状。日清戦争の講和会議において、日本側は伊藤博文総理大臣、陸奥宗光外務大臣が全権として清国全権李鴻章と交渉を行った

DIPLOMACY

Vol.47, Jan./Feb. 2018

Contents of Features

106 **Illiberal alliance in Eastern Europe and the future of EU: deepening East-West divide and the future of "post-Merkel" era**
Poland, Hungary, and Czechoslovakia. The "illiberal turn" of these Eastern European countries stems from the hopes to use economic inequality as a trigger to become a global major power even if it is authoritarian. Will the East-West conflict within EU escalate further?
Tsutomu Ishiai (Asahi Shimbun)

112 **African development and Japanese foreign policy: Towards TICADVII**
TICADVI was held in Africa for the first time in 2016. A follow-up Ministerial meeting was held in 2017. What are the challenges toward hosting TICADVII in Yokohama in 2019? The author teases out various challenges such as development, economic growth, and security /conflict response, then sorts out various problems.
Mitsugi Endo (University of Tokyo)

118 **The agony of Latin America's leftist governments: A century of populism, from Cuban revolution to its decline**
Leftist governments in Latin America is on the opposite side of the same coin with the state system. This article takes an overview of its rise and fall from populist party to a Cuban-style revolution party.
Yusuke Murakami (Kyoto University)

Trend 2018

66 **Japan-ROK Comfort women agreement: "contradictions" and "prospects" of President Moon**
Korean public opinion has riled up with the announcement of the results of the assessment by the Taskforce to review the agreement on comfort women issue reached between the Governments of Japan and the ROK. The "statement" of President Moon and the "government direction" in January has rendered Japan-ROK relationship even more difficult. Why was this situation created?
Kentaro Nakajima (Yomiuri Shimbun)

72 **Rohingya problem: the direction of Myanmar's "true democratization"**
Behind the scenes of "Rohingya problem" lies various difficult issues, such as rising nationalism in Myanmar, overlaps in the Asia strategy of China and Japan-US alliance, and how to deal with Aung Sun Suu Kyi. Its resolution is urgently needed.
Aiko Doden (NHK)

76 **Stalemate of Israel-Palestine peace talks: Understanding the past negotiation process and looking forward to the future**
This essay reviews the negotiation process of the past Israel-Palestine peace talks from the past to current Trump administration. What are the implications of President Trump's recognition of "Jerusalem as the capital" of Israel?
Chie Ezaki (National Defense Academy)

83 **A road to revitalization of Zimbabwe: political dynamics of the "Post-Mugabe" era**
President Mugabe has been in power for 37 years. How will Zimbabwe change after the exit of a dictator? The author explains the issues of contention in politics and the possibility of national revival.
Mine Yoichi (Doshisha University)

90 **Humanitarian partnerships during refugee crises: UNHCR and Japan**
To stop the "negative chain" that results in new refugees from emerging, we need to have policies such as future-oriented educational programs in addition to simple refugee protection measures. Representative of UNHCR Japan talks about the various efforts of UNHCR.
Dirk Hebecker (Representative, UNHCR Tokyo, Japan)

Special Feature:

Prospects of the world and Japan in 2018

6 Cover Story Interview

Outlook of Japanese diplomacy in 2018: Continue pressuring North Korea towards denuclearization

Taro Kono (Minister for Foreign Affairs)

20 Roundtable:

Japan-US-ROK trilateral cooperation holds the key for stability in Northeast Asia

The international society is continuing to pressure North Korea, which is engaging in nuclear and missile development. However, there are still much left to be done. The experts analyze the thinking of each countries and examines strategies toward denuclearization.

Shigeru Iwasaki (Former Chief of Staff, Joint Staff)/Tadashi Kimiya (University of Tokyo)/Satoru Mori (Hosei University)

34 **Examining Kim Jong Un's New Year's address**

Kim Jong Un's New Year's address consisted of "flaunting its nuclear power," offering to talk to ROK, and an emphasis on domestic economic policy. The author examines these outlooks in 2018.

Atsuhito Isozaki (Keio University)

36 **The scope of "Free and Open Indo-Pacific Strategy"**

"The Indo-Pacific." This regional concept has its origin in the historical development of world economy ? it is not a concept to oppose China. What Japan needs is a strong, wide-ranging and multifaceted diplomacy in India and Sub-Saharan Africa.

Akihiko Tanaka (President,GRIPS)

42 **"Hard" and "soft" aspects in China's Great Power diplomacy**

The rise of China and the drift of US. China is at the center of change in the Asian order. This essay analyzes the diverse nature of Chinese diplomacy by looking at the current situation of the Korean Peninsula and its "OBOR."

Masahiro Kohara (University of Tokyo)

48 **Challenges in the second year of Trump diplomacy: its changing strategy and structure**

Two contradictory facets exist in the National Security Strategy of the US: "America First" and globalism. The author examines the changing foreign and security personnel and analyzes what the foreign policy and focus strategy would be in Trump's second year in office.

Tetsuo Kotani (JIIA)

54 **Monetary easing: Exit strategy for Japan, US, and EU**

Where will the US government bonds that was held by China go? Governments, central banks, and investors are moving towards a new bubble - a dangerous zone. This essay predicts the financial developments in Japan and the world in 2018.

Yoichi Takita (Nikkei)

96 **Foreign policy of the new great power India and the regional order in South Asia**

The presence of South Asia has been increasing with the Japanese government using the "Indo-Pacific" as a foreign policy strategy. The author looks at the foreign policy strategy of the Modi administration in its fourth year and its impact on regional order in South Asia.

Yukifumi Takeuchi (Journalist)

102 **A sense of stagnation in Russia following the "reelection" of President Putin**

Russian Presidential election will be held this March. The reelection of Putin is all but sure thing, but it is hard to see the details of Russia's reemergence as a Great Power through his political tactics that rely on nationalism.

Shinji Yokote (Keio University)

定期購読をお勧めします。

●毎号確実に入手されたい方には、年間購読をお勧めします。お申し込みは、綴じ込みのハガキに必要事項を記入の上、ご投函ください。弊社に直接ご連絡いただく場合は、下記販売部までお願いいたします。
●外交や国際関係に関心をお持ちのご友人、ご家族、ご親戚の方に、「外交」をプレゼントなさいませんか。貴方様のお名前で、弊社よりお送りいたします。きっと喜んでいただけることでしょう。

ご意見、ご感想を聞かせてください。

弊誌では、今後の誌面づくりに反映させるべく、読者の皆さまからのご意見、ご感想をお待ちしております。ご投稿いただいたご意見の一部は、ご了承をいただいた上で弊誌誌面または「外交ウェブ」上に掲載させていただきます。住所、氏名、電話番号、Eメールアドレスを明記の上、綴じ込みのハガキ、封書、Eメール、または「外交ウェブ」のコメント欄で編集部までお寄せください。

編集後記

今回ほど政治と経済で対照的な新年も珍しい。政治面では不透明感が深まりつつある。トランプ政権が内政面で安定しない中、北朝鮮は南北対話への積極姿勢を打ち出し、平昌オリンピックを起爆剤としたい韓国政府はこの動きを歓迎している。中東ではISの支配こそ打倒されたが、シリア内戦の終結は遠く、またエルサレム問題で混乱が加わった。その一方でリーマン危機後10年を迎える世界経済は株価の上昇など好調が続いている。本誌は過度の楽観も悲観も戒めて冷静な分析を伝えることに心がけたい。（中西）

次号予告
東アジアの地殻変動と日本外交

外交 Web
http://gaiko-web.jp

販売部　Tel.03-3237-1705
　　　　Fax.03-3237-7347
編集部　03-3222-7541
E-mail　gaiko01@toshishuppan.co.jp
Vol.1～6、および Vol.13～30のご注文は、時事通信出版局にお問い合わせください。
TEL.03-5565-2155

外交
DIPLOMACY Vol.47
2018年1月31日発行

■編集：「外交」編集委員会
委員長　中西寛（京都大学大学院教授）
委員　長有紀枝（立教大学教授）
委員　高原明生（東京大学大学院教授）
委員　田中淳子（NHK国際放送局国際企画部長）
顧問　春原剛（上智大学特任教授）
編集長　中村起一郎（都市出版株式会社）
■発行：外務省
■編集人：高橋栄一
■企画・制作・発売：都市出版株式会社
〒102-0072 東京都千代田区飯田橋 4-4-12　ワイズビル6階
電話：03-3222-7541
e-mail：gaiko01@toshishuppan.co.jp
外交 Web　http://gaiko-web.jp
■デザイン：佐々木デザイン事務所
■印刷：株式会社学術社
ISBN978-4-901783-63-7
※編集委員会は、「外交」の企画・内容を承認し、掲載内容の最終的決定を行います。
※本誌に掲載された記事・論文は筆者の個人的な見解です。